Duke Corporate Education
Management Review

Duke CE
マネジメントレビュー

デューク・コーポレート・エデュケーション 著
尼丁千津子 訳

かんき出版

DUKE CORPORATE EDUCATION
LEADERSHIP REVIEW

INTRODUCTION

リーダーシップの未来を探求しつづける

シャルムラ・チェティ[☆1]

次は何が起きるのだろうか?

デューク・コーポレート・エデュケーション(デュークCE)に携わっている私たちは、機関紙『Dialogue』が創刊されてから今日までの10年にわたって、そう問いつづけては答えてきた。

私たちの活動の中心は、次に起きる事態にパートナーたちが備えられるようにすることだ。デュークCEが『フィナンシャル・タイムズ』紙の経営幹部向けカスタム教育部門の世界ランキングで常に上位を保ちつづけている理由の1つは、まさにここにある。パートナーである企業が将来のチャンスを確実に手にできるよう、私たちは今日も未来を日々探究しつづけている。

世界的な事業展開と、多様な業種の多様なクライアントのおかげで、デュークCEは新たな状況に対する独自の洞察をもたらしつづけられている。また、私たちは85を超える国において、現地でしか摑めない感覚と、情報を提供する能力を備えている。

それらを先ほどの洞察と組み合わせることで、リーダーシップにまつわる効果の高い解決策を、世界中のあらゆる場所に提供しつづけている。

私たちが掲げているのは、経験と洞察から得られたアイデアだ。ただし、最高の結果を出すためには試行錯誤と協力が必要だ。

デュークCEが提供する最先端の発想にもとづいたリーダーシップ思考には、そうした考え方が明確に示されている。私たちと提携している経営幹部や講師は、ビジネスと教育が交わる現場で専門的な知見を与えている。

この10周年記念のアンソロジーには、リーダーシップについての思考を重ねている彼らの多くが登場している。創刊から10年後の今日にいたるまで、『Dialogue』は、デュークCEが世界のトップレベルのパートナーたちとかたちにしたアイデアを共有するための、唯一無二の場となってきた。

2013年に創刊された『Dialogue』は、組織が日々直面する課題に対処するための革新的な戦略、独創的な解決策、創意に富んだ手法の提案を通じて、リーダーシップ思考とマネジメント思考の先駆者でありつづけている。

「過去は異国であり、未来は見知らぬ地だ」というのは、L・P・ハートリーの言葉だ。私たちはこの10年間、この見知らぬ地の展望を、揺るぎない信念でもって示しつづけてきた。未来の予測がたとえどんなに難しいときも、『Dialogue』は次に起きることを示すという使命をまっとうしてきたのだ。

その一例は、私と同僚のヴィシャール・パテルが最近共同で執筆した「**複合危機における指揮**」（第3章）だ。私たちは同稿で、地政学、環境、経済を原因とする危機が一斉に起きるという、まさに「今そこにある危機」であるポリクライシス（複合危機）の対処に必要とされる戦略の予測を試みている。

リーダーは、どうすればこの大混乱を乗り越えられるのだろうか？　そこで得られた結論は、リーダーは一連の主な対策を実施することで、ポリクライシスをチャンスの場にできるというものだ。とはいうものの、「これは危機かチャンスなのか」「脅威か希望なのか」という判断が簡単にできないものも多々存在している。

人工知能（ＡＩ）の到来は、希望であると同時に脅威でもある。ＡＩは人類を救うものか、破滅させるものなのかという議論で、リーダーたちの意見は一致していない。ただはっきりしているのは、ほかの多くの画期的なテクノロジーと同様に、ＡＩがもたらす結果はＡＩをどのように活用するか次第だということだ。

カリフォルニア大学バークレー校でも研究を行っていた神経科学者で、起業家、活動家でもあるビビアン・ミン博士は、「**成長マインドセットの重要性**」（第12章）で、あらゆる「決まりきった日常の作業」（一般的にそう思われていない仕事も含めて）は、いずれロボットが受け持つようになると論じている。

そのような未来は、不安にさせられると同時に、期待にも満ちている。ミン博士によると、現在の日常の作業を機械に完全に任せられる時代が来れば、人間には未知の世界を探索する余裕が出てくるそうだ。

人間が探究心あふれる探索者になれるという発想は、実に心惹かれるものだ。ただし、そうした明るい未来を実現するには、リーダーは人間が機械の同僚ロボットに支配されないよう、ロボットをうまく管理して作業に従事させなければならない。

そのためのカギは、批判的な目で見て考えるという重要な役割を、人間であるリーダーが担うことだ。

デューク大学フクア経営大学院教授のササ・ペケックは、「**生成AIは変革のほんの入り口**」（第10章）でそう論じている。人間がAIを信頼しすぎたことで駄目になってしまったAIベンチャー企業もあると指摘するペケックは、あるオンライン不動産の事例を紹介している。

同社はAIが生成した買い取り価格を家の売り手に提示していたが、その後損失があまりに大きくなったため、AIロボットたちは「解雇」された。どうやらAIによる査定の精度は、このビジネスモデルの継続性を確保するには不十分だったようだ。

人間の専門知識にもとづいた批判的思考がなければ、AIの進歩は歯止めが利かない核技術と同じくらい危険なものになりかねないとペケックは主張している。

とはいえ、ほぼすべてを機械が担っている世界でも、人間は見張り番以上の存在にならなければならない。なぜなら、人間に備わっている「感情の力」という資質は、最高のAIの能力さえはるかに凌ぐものであり、最大限に生かすべきものだからだ。

デューク大学フクア経営大学院学長のビル・ボールディング教授は、『Dialogue』に掲載されて大きな反響を呼んだ「**リーダーに求められる良識**」（第1章）で、成功するリーダーは「三拍子揃ったリーダーシップ」を備えていると指摘している。

IQ（知能指数）は三角形の1辺にすぎない。2つめの辺はEQ（心の知能指数）だが、それでもまだ足りない。3つめの辺であるDQ（良識指数）が揃うことで、ようやく三角形が完成する。

DQは、リーダーが「従業員や同僚のために自身がやるべきことを実現したい」と心から願う気持ちによって高まっていくものだ。ボールディング教授がDQについて知ったのは、マスターカードのCEOであるアジェイ・バンガの次の言葉からだった。

「IQはとても大事です。EQもとても大事です。でも、私にとってもっと大事なのはＤＱです。高いＤＱの資質を自分が職場で日々発揮できるようになれば、従業員たちにとって会社をもっと楽しい場所にできます。そうすれば、彼らは会社にいることや彼ら自身がやるべきことを行うのを楽しめるようになるのです」

リーダーは組織の良識を守る存在であるべきだと指摘するアリソン・スチュワート＝アレンは国際的なマーケティングの専門家で、「**大企業病に対処する方法**」（第20章）において、企業の悪い振る舞いは「大企業病」という病の兆候であり、この病はブランドを失墜させるどころか死に至らしめかねないほど毒性が強いと論じている。「過去の事例から得られる教訓は何か？」という問いかけに、彼女は次のように答えている。「社内での問題を正さずに、社外との問題だけを正そうとしても、解決にはならない。過去に起きたようなスキャンダルを防ぐためには、リーダーは自社の文化の健全性を保たなければならない」

「企業文化は戦略を朝食代わりに食べてしまう（企業文化は戦略に勝る）」。偉大なる故ピーター・ドラッカー教授の、しばしば引用される含蓄あるこの言葉を、「未来のビジネスでは、豊かな人間性はもはや不要になる」と思っている人のオフィスの壁に貼っておくべきだ。なぜなら真実は、その人の考えとは真逆だからだ。

つまり、組織の文化をかたちづくるという、良識ある人間に本質的に備わっている能力は、日常の作業の大半が感情のない機械によって行われる時代において、きわめて高く評価されるはずだ。

組織についての考察をともなう、どんな分野においても、人間によるリーダーシップは、未来に向かうためのきわめて重要な役割を担っている。

『Dialogue』は創刊当初から、「リーダーシップ」「戦略」「イノベーション」「財務と金融」「マーケティング」という、組織に関する5つの分野に焦点を当てつづけてきた。これらはみな、企業が存続するために不可欠のものだ。本書には、デュークCEのネットワークでつながっている世界的に有名な「考える人々」が執筆した記事が、この5つの分野ごとに4本ずつ掲載されている。

『Dialogue』の執筆者のひとりであるジョー・ペルフェッティは、卓越した財務・金融の専門家だ。デュークCEの特別研究員でもあるペルフェッティ教授はスピードに強い関心を抱いていて、ビジネスにおける敏捷《びんしょう》性は、収益性や市場シェアと同様に、財務で優れた結果を出すためのきわめて重要な要因だと考えている。

彼が提唱している「フィナンシャル・サイクル・タイム（FCT）」のランキングは、敏捷性、つまり企業が動ける速さを見るための有益な指標だ。「**組織の敏捷さを測る指標FCT**」（第13章）では、敏捷な企業がより収益性の高い企業さえ追い抜けること、販売サイクルが短ければ利益率が低くても勝てることが示されている。

　そうした成功を左右するのは、企業が顧客をいかに理解しているかだ。「顧客中心主義とは何であるか。それをどう実現するか」を探ることは、デュークCEの取り組みにおいて長年重要な位置を占めてきた。リタ・マグレイスは、大きな注目を集めた**「顧客が求める経験の理解」**（第5章）で、小売業のデジタル化が買い物の楽しさの再現に失敗したと思われる例として、オンラインショップのウェブサイトでの「カゴ落ち」率が7割近くにのぼることをあげている。

　これはたとえば、実店舗の買い物客の4分の3近くが、商品を手にしてレジカウンターまで行ったにもかかわらず、結局買うのを止めてしまったようなものだ。

「今日のデジタル時代においてさえ、真の顧客中心ビジネスをつくりだすための第一歩はテクノロジーの活用ではない」とマグレイスは指摘する。「第一歩は、とにかく顧客体験に始まり顧客体験に終わる」

　彼女の分析は、マネジメントそのものにも当てはまるのではないだろうか。なぜならリーダーにとっては、社外の顧客だけでなく社内のチームも顧客だからだ。「仕事の経験を充実させる」こと、ミン博士が提唱する「人間が探索者になれる余裕をつくる」こと、そしてボールディング教授が支持する「良識を養う」ことにおいて、豊かな人間性はきわめて重要な役割を果たしている。

2013年の秋、リーダーやマネジャーたちに届けられた『Dialogue』創刊号の表紙には、**「我々のこの世界——解かなければならないパズル」**という私たちの課題が明確に示されていた。このときの表紙のイラストは、地球をルービックキューブに見立てたものだ。これは、持続的な解決策を手に入れるためには、キューブを上下左右に回転させるように試行錯誤を繰り返さなければならないという意味だ。

当時から現在までの間に、パズルの内容は変化した。テクノロジーの進化と対外的な危機によって、パズルを取り巻く状況が大きく変わったからだ。それでも、パズルを解くための基本的な策は、決して変わらない。

それは、未来を理解、予測して、未来で成功できるリーダーになれるよう、人を育てることだ。『Dialogue』は、この策を実現できるアイデアを広く分かち合いたいという、デュークCEの熱意によってできている。

私たちは、リーダーシップの未来を今日も考えつづけている。

☆1 シャルムラ・チェティ
デューク・コーポレート・エデュケーションCEO

Leadership

PART2

戦略

Strategy

PART3

イノベーション

Innovation

PART4

財務と金融

Finance

PART5

マーケティング

Marketing

翻訳協力　株式会社リベル
本文デザイン・DTP　マーリンクレイン

PART 1

Leadership

リーダーシップ

第1章

リーダーに求められる良識

見落とされていた要因「ＤＱ」

ビル・ボールディング☆1

リーダーシップの資質の1つ「インテグリティ」
誠実さや高い倫理観を大事にして行動することが、
かつてないほど重視されている

先日、私はP&Gのデイビッド・テイラー最高経営責任者（CEO）とステージに上がり、デューク大学フクア経営大学院の学生たちの前で、彼にインタビューするという機会に恵まれた。4年前にも、私たちは同じ場所に座り、リーダーシップについて同じように語り合った。ところが今回、私は既視感を覚えるどころか、この4年間で起きた変化の大きさに衝撃を受けた。

この間、テイラーはP&Gの部門長からグループ全体のCEOに昇格していた。彼がCEOに就任したのは、この役職に寄せられる期待が年々高くなっていった頃だ。今日の企業のリーダーは、収益性と持続可能性を確保しなければならないのに加えて、自社のブランドや価値の高さを世間に実証しなければならない。

ビジネスリーダーたちは収益に関することにとどまらず、さらに複雑な問題にまつわることの決断をますます必要とされている。

P&Gの外で起きている、従業員に影響を与えかねない重要な問題にはどう対処しているのか？　政治問題や社会問題に対する、CEOとしての自身の発言の影響力についてどう思っているか？　これほど分極化した時代に、立場や意見が異なる人々をどのようにまとめ、共通の目標達成へと向かわせているのか？

今回私がテイラーに投げかけた、ＣＥＯに関するこうした質問は、４年前なら尋ねようなどとは思いもしなかったものばかりだ。

ビジネスリーダーの役割が変化しているなか、私たちはそうした変化に対する新たな見方や考え方を取り入れなければならない。今日の成功に必要とされる要因の変化を認識することは、きわめて重要だ。

なぜなら私は、企業こそが21世紀を変革するための原動力になりうると確信しているからだ。企業は、政府やＮＧＯにはできない方法で世界の最大級の課題を解決できるかもしれないのだ。

とはいえ、そうした変革を実現するためには、人々をまとめて共通の目標達成に向かわせられるようなリーダーシップが必要なのだが、そうしたスキルを身につけるのがますます難しくなっているのもまた事実である。

ビジネスリーダーの役割は進化している

私は経営大学院の学長として、世界がどんな変化を遂げているのかを把握することや、未来のビジネスリーダーたちがきわめて難しい課題に対処できるよう、ビジネス教育をいかに変化に適合させるべきかを考えることに、多くの時間を費やしている。

幸運にも、ここデューク大学では、今日のビジネスリーダーたちが直面している新たな状況や事情を学生たちが理解するのに役立つであろう、教員陣による研究が充実している。

たとえば、アーロン（ロニー）・チャタージ教授は、数年前にアメリカのいくつかの州で「宗教自由法」の検討が始まった頃から、「CEOアクティビズム」（政治問題や社会問題に関してCEOが明確な意見を述べること）の研究を進めてきた。

その一例は、2015年にインディアナ州で成立した、同性愛者への差別が法的に認められる恐れがある「宗教の自由回復法」についてアップル社CEOのティム・クックが批判的な立場を示したことで、それが同社にどんな影響があったかを調べたものだ。

クックのこの一件以降、アメリカではさまざまな問題について意見を発信するCEOを頻繁に目にするようになった。

特に、政治的な分断が深まるにつれて、ビジネスリーダーたちには州レベルにおいても国レベルにおいても、論争の的になっている問題について自身の立場を公にすることが求められるようになった。

「かつては中立の立場を取ることが立派だとされていましたが、政治色を帯びる問題がますます増えている今日、中立でいようとするのはどちらかの側を支持する場合よりも批判の対象になりかねません」とチャタージは指摘している。

「今日のCEOは『ゼロかイチか』という二者択一の判断を迫られています。そもそも、分断化した状況においては、どちらの側も誰が支持者かを明確にしたがることから、中立的な立場でいようとするのはとても難しいのです」


こうした課題に直面しているのは、なにもアメリカのビジネスリーダーだけではない。ビジネス界を巻き込んだ抗議の声は、世界中のあちこちで大きくなりつつある。イギリスの欧州連合離脱《ブレグジット》問題においてもそうであるし、ナショナリズムの台頭によってグローバリズムが守勢に立たされている国々でも同じことがいえる。

これらの課題にビジネスリーダーたちがどう対処するかは、世間が思うよりもはるかに大きな影響をもたらす。

たとえば、勤務先のリーダーが支えになってくれていないと感じた従業員たちは、自身が軽んじられていると思うかもしれない。または、ある問題について企業のリーダーに意見を求める顧客もいるだろう。さらには、リーダーが発言しない企業に対して顧客が不買運動を行う恐れもある。

これらはどれも、ソーシャルメディアの時代においては瞬時に起きても不思議でないことばかりだ。企業やリーダーがSNSに一、二度投稿するだけで、従業員、顧客、株主も含めたステークホルダーを巻き込む緊急事態を引きおこす可能性すらある。

今日では、ビジネスリーダー向けの作戦帳《プレーブック》などは存在しておらず、常に状況に応じて行動するしかない。とはいうものの、こうした状況であっても成功するリーダーたちには、ある資質が備わっている。

私が「三拍子揃ったリーダーシップ」と呼んでいる資質だ。

三拍子揃ったリーダーシップとは

「三拍子揃ったリーダーシップ」とは、「ＩＱ」「ＥＱ」「ＤＱ」という３つの要因を合わせたものだ。

ＩＱ（知能指数）

リーダーシップで必要とされる資質で、反論の余地なく重要なのは知性だ。率直にいって、賢くない人についていきたいと思う人などいない。ビジネスを遂行する能力は企業を率いるために不可欠である。

EQ（心の知能指数）

リーダーの大半は、EQすなわち「心の知能指数」とは、「他者そして自分の感情を知覚する能力」を指すものだと理解している。EQが高いリーダーは他者の気持ちを理解でき、その場の空気を読み、そこで得られた情報にもとづいて行動できる。ただし、EQが高いリーダーが、必ずしも他者に対して最善を尽くすために行動するとは限らない。他者の感情を知覚し共感することは、インテグリティ（誠実さ）とは違う。リーダーシップのほかの資質と同様に、EQの高さを利用して自己の利益のために他者を操ることすらできるからだ。

DQ（良識指数）

DQはEQの考え方をさらに発展させたものだ。DQが高いリーダーは、従業員や同僚のために自身がやるべきことを実現したいと心から願っている。職場の全員にとってプラスになるものをもたらし、「自分は尊重され、大切にされている」と誰もが感じられるようにしなければならないと考えている。

リーダーのＤＱの高さは、周囲の人々との日々のやりとりに加え、収益目標の達成と人々の生活の向上を同時に実現できるような企業目標の設定からも見て取れる。

ＤＱとはすなわち、他者への正しい対応を重視することだ。

「ＩＱ・ＥＱ・ＤＱ」を備えたリーダー像

ＤＱについて私に教えてくれたのは、マスターカードＣＥＯのアジェイ・バンガだ。話を聞いた瞬間、この発想は私の心に深く響いた。

リーダーとして従業員を大切にする責任を強く感じているバンガは、「ＩＱはとても大事です。ＥＱもとても大事です。でも、私にとってもっと大事なのはＤＱです」と語り、次のように説明してくれた。

「高いＤＱの資質を自分が職場で日々発揮できるようになれば、従業員たちにとって会社をもっと楽しい場所にできます。

そうすれば、彼らは会社にいることや彼ら自身がやるべきことを行うのを楽しめるようになるのです」

また、「私たち全員の能力を合わせたぐらい賢い人間は、私たちのなかに誰ひとりいない」ということを信条としているデイビッド・テイラーもそうだ。

さらに、リンクトインCEOのジェフ・ワイナーも「三拍子揃ったリーダー」のひとりである。ワイナーは彼のチームとともに、「世界中のすべての働き手のためにビジネスチャンスを生み出す」という使命をつくりだした。

実際、多くの人がリンクトインのネットワークを通じて仕事を見つけている。同社のプラットフォームを通じて人々をメンターやビジネスチャンスと結びつけることで、あらゆる人に平等にそうした「社会関係資本」を提供することがリンクトインの目標なのだ。

ワイナー個人は、「思いやりのあるリーダーシップ」と彼自身が呼んでいる方針を大事にしている。

そして、仕事のなかで思いやりをもつことや、「自分は支えられて大切にされている」と他者に思ってもらうには、何が必要なのかを把握することの重要さを率直に語っている。

ワイナーの取り組みが社内外の人々の心を捉えていることは、リンクトインで彼とともに働いている人々に話を聞けばすぐにわかる。

こう考えていくと、次のようなことがいえるだろう。

「三拍子揃ったリーダー」のなかでも、DQが高いリーダーは競争上の強みをもっている。

DQは競争上の強みになる

DQは上層部から高めていかなければならない。

分極化による外部の力がマイナスにはたらいている今日、トップのリーダーやマネジャーがお手本となってDQの高い振る舞いを示すことが、かつてないほど重要だからだ。

この世界はひどいところだと感じている人は多い。従業員たちが出社したとたんにそうした気持ちを切り替えられるはずもなく、彼らがそうできるはずだと思っているリーダーは思慮が浅すぎる。

DQの高いリーダーは、外部からオフィスに入り込んでくるさまざまなものにうまく対処しながら舵を取れる。そして、仕事で共通の目標をもち、価値を共有する姿勢を職場に根づかせる。

すると従業員たちは、リーダーが真剣な思いでいつも自分たちのことを一番に考えてくれている、と実感できる。

従業員は良識あるリーダーのもとで働きたいと思うものであり、そうしたリーダーのためなら全力を尽くす。良識の本来の意味は道義的責任だが、良識はビジネス必勝戦略でのカギにもなりうるのだ。


たしかに、多様なメンバーを擁するチームがイノベーションにつながることは、多くの研究で指摘されている。ただし、注意点が1つある。

それは、多様なチームのメンバー全員が、自分はチームの一員だという意識をもてなければならないことだ。つまり、共通の目標達成に取り組むためには、各メンバーが本当の自分をさらけだし、自身のベストを発揮しなければならない。

だが、それができるのは、自分は紛れもなく支えられて大切にされていると感じている人だけだ。そう感じられないメンバーがいるチームは、一瞬のうちに機能不全に陥りかねない。

「三拍子揃ったリーダー」は自身のDQの高さを生かして、お互いの違いを尊重する文化を社内に浸透させることができる。

DQを重視することから始まる

良識を備えたリーダーやマネジャーを真剣に求めている企業は、応募者が良識ある人材かどうかを採用前に見極めようとしなければならない。大半の人は、キャリアを歩みはじめる頃には、価値観や倫理的な判断力をほぼ身につけている。

幼少期から良識を身につけることの重要性に気づいたワイナーたちの取り組みは、称賛に値する。

ワイナーが始めた「思いやりプロジェクト」は、児童たちの思いやりの気持ちを深めるための小学校教育を支援するものだ。この教育活動は、子どもたちにとって時期も方法も適切であり、新世代の良識あるリーダーの育成に役立つはずだ。

DQの高さは、20代に入って社会人の仲間入りをする頃にはほぼ定まっている。つまり、良識はあとから身につくだろうという、楽観的な気持ちで採用活動を行ってはならないということだ。

私は企業が採用の評価基準として積極的に利用している調査項目に、良識の有無も加えるよう提唱している。結局のところ、探していないものを見つけることはできないからだ。

　ＩＱは数値を測るテストで比較的容易に調べられるし、ＥＱは感情の測定基準から判断できる。一方、ＤＱは身についている良識の程度を数値化する手段がないという点で、ほかの2つとは異なっている。

　そのため、ＤＱが身についているかどうかを判断するには、創造性を生かした試みが必要だ。

　マスターカードでは、良識ある人材を高く評価して大事にするという企業文化を共有する社員が、採用活動に多数関わっている。そして、質問内容がよく練られた面接を行うことで、応募者のＤＱの高さを判断している。


　ここデューク大学フクア経営大学院では、入学を希望する学生の選考過程でＩＱ、ＥＱ、およびＤＱを判断材料にしていることを、受験生たちに包み隠さず伝えている。私たちと同じ価値観をもつ人物を受け入れて、よりよい社会への推進力となるビジネスを展開できるリーダーへと育成することが、私たちのきわめて重要な使命だと考えているからだ。

　選考での論文試験問題の狙いは、受験生の価値観を知ることだ。

問題の1つは、自分自身について伝えたいことを、ただ思いつくままに25個あげるというものだ。これらの情報をまとめると、その人物について驚くほど多くのことがわかる。さらに、良識が身についているかどうかは、面接の段階でもチェックする。

こうした選考を経てフクア経営大学院に入学してきた学生たちは、在学中に互いを支え合い、高め合い、教え合うことを通じて、未来のリーダーのコミュニティを築いていく。

私の希望は、各企業でDQがIQ、EQと同じくらい重視されることだ。そうすれば職場はより楽しくなり、従業員はより健康的に働ける。

自分は大切にされていると各メンバーが感じられるようになれば、チームの生産性はより一層向上し、イノベーションが促進されるだろう。

だが、私の望みはそれだけではない。高いDQが企業でいかに重要かについての理解を、もっと広めていきたいと思っている。

私たちはこの世界を、もっと思いやりにあふれたよりよい場所にできるはずだ。

各企業は良識を重視することで、今の世の中で切実に求められている回復力になれる。そして、大きく異なる人々がどのようにまとまり、共通の目標達成に向かって協力できるかの見本にもなれる。

また、違いや分極化を超えた敬意や思いやりを示すこともできる。

さらには、企業が人々を結びつけて、彼らが協力し合って答えを見つけられるようにすることで、世界の最大級の課題を解決できるかもしれない。

ただし、まずは良識を重視する姿勢を、各企業内に浸透させなければならない。

そのためには、良識ある人材をまたひとり採用する、良識あるリーダーをまたひとり誕生させるというように、一歩ずつ進めていくしかないのだ。

★1　**ビル・ボールディング**
デューク大学フクア経営大学院学長
（『Dialogue』　2019年Q3）

第2章

チームコーチングの影響力

リーダーに必要な新たなスキル

サニン・シアン[☆2]
マイケル・カニング[☆3]

今日ではチーム単位で
仕事を進めることが基本となっている。
チームの可能性を最大限に引き出すには、
コーチングのスキルをリーダーが
身につけなければならない

チームを組むという発想は、「ひとりで行うよりもいっしょに取り組むほうが、より多くのことを成し遂げられる」という期待にもとづいている。

健全なチームでは多様な知識、スキルセット、視点を生かせるので、ひとりでは到底無理に思えたことも達成できる。

2021年2月18日、世界はこの事実を目の当たりにした。

この日、火星探査車「パーサヴィアランス」が4億8000万キロを超える宇宙の旅を経て、「赤い惑星」に到着した。このロボット探査車の火星着陸は、科学、チームワーク、そして何年にもわたる研究や開発を率いたリーダーシップによって成し遂げられた驚くべき偉業だ。

着陸の瞬間にNASAの管制室にいたのは50人ほどだったかもしれないが、実際のチームの人数は1000人を超えていた。さまざまな分野、国、機関の科学者や技術者が、世界中から参加していた。

すばらしい成功を収めたこの大胆不敵なチームに、誰もが熱狂的な拍手を送った。

NASAのパーサヴィアランス開発で主任技術者を務めたアダム・ステルツナーは、著書「*The Right Kind of Crazy*（未邦訳：真っ当な非常識）」で、大きな仕事の大部分をたったひとりでこなせる人などいないと語っている。

そして、役割をこなすためにはチームとして各メンバーが全力で協力し、協調して取り組まなければならないと指摘している。

しかも、ロボット探査車の火星着陸といった信じがたいほどの偉業を達成するためには、重圧のなかで協力して任務を遂行し、イノベーションを起こせるチームが必要となる。


あなたが率いるチームが取り組んでいる目標は、NASAほど壮大なものではないかもしれない。それでも、これまでよりも複雑な問題に挑む、不確実な状況下で業務を遂行する、さらなる壁を乗り越えて協力し合う、より素早く行動するといったことが、日々求められているのではないだろうか。

こうした要求に応えるために、チームに期待されているもの、チームのメンバーによる協力体制、チームを率いるために必要なスキルは、根本的に変わってきている。

企業では現在、チームは仕事を進めるうえでの最も基本的な単位となっている。

複雑な戦略をすべて実行し、イノベーションを生み出し、変化を起こすという市場に向けた対外的な活動は、チームを通じてのみ達成できる。

そして社内的には、チームは企業文化と実際の仕事が交わって、従業員の経験が日々かたちづくられていく場になっているのだ。

それに加えて、従業員たちが求めるものも急速に変化している。

彼らは、自分が周囲の人々から、より一層受け入れられることや仕事に関われることと、あるいはこれまで以上に大事に育ててもらい、もっと早く成長できることを望んでいる。

CEOや最高人事責任者（CPO）、卒業生や在校生から話を聞いたなかで明らかになった傾向は、働く人々は仕事において、より深い人間味を望んでいるし、期待もしているという点だ。従業員たちは、働き手としても、ひとりの人間としても、自分が大事な存在だと感じたい、もっと学んで成長して貢献したいと思っている。

最高の自分を発揮して大きなことを成し遂げるために必要な、「目標、課題、心の支え」を与えてくれるようなチームの一員になりたいと、従業員の多くは心から願っているのだ。

市場と社内でのこうした動きによって、チームリーダーに求められるスキルも変化している。今日のチームリーダーは、これまで必要とされてきたものとは異なるスキルを身につけなければならない。

勝つためのチームづくりにおいては、リーダーという立場の権限や技術的な専門知識だけに、もはや頼ることはできない。

代わりに必要なのは、コーチとしての自身の役割を再考することだ。

デューク・コーポレート・エデュケーション（デュークCE）は、エクゼクオンラインと提携して、コーチングの応用編コースの1課目であるチームコーチングを、より多くのリーダーたちが学べる機会を提供している。

チームを成功に導くために、リーダーがコーチとして重視しなければならない項目は次の4つだ。

1 協調への原動力を生み出す
2 関係づくりの基盤を築く
3 心理的安全性を確保する
4 学習と適応を促進する

チームが成功するための必要項目

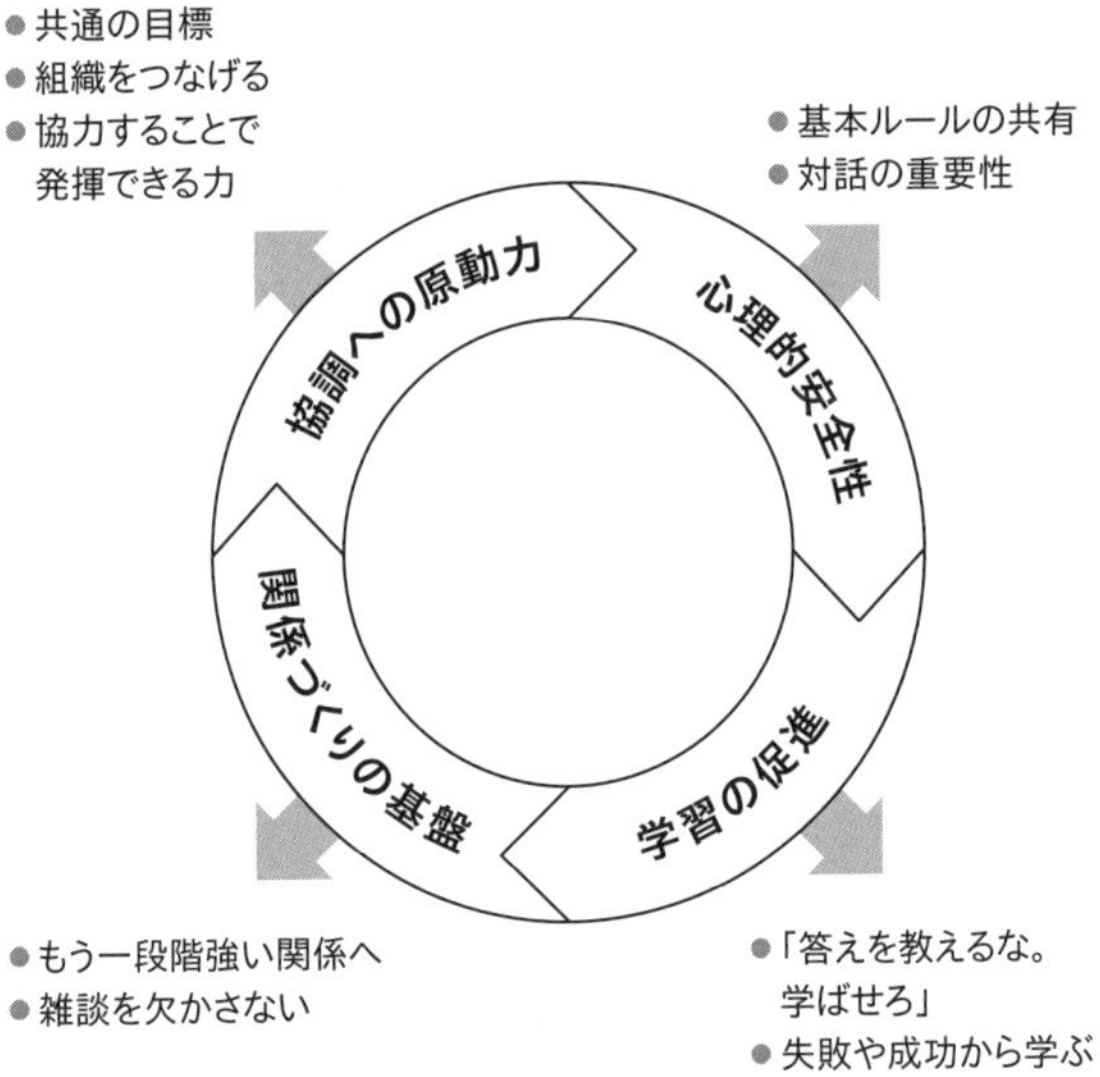

● 共通の目標
● 組織をつなげる
● 協力することで発揮できる力
協調への原動力
● 基本ルールの共有
● 対話の重要性
心理的安全性
関係づくりの基盤
● もう一段階強い関係へ
● 雑談を欠かさない
学習の促進
●「答えを教えるな。学ばせろ」
● 失敗や成功から学ぶ

前述のオンラインコースでは4項目すべてを網羅しているが、ここでは第4項目の「学習と適応を促進する」に的を絞って解説する。

学習と適応を促進する

ある意味、すべてのコーチングの目標は「学習と適応を促進する」ことだ。

ただし、今日のリーダーたちが置かれている状況を考えると、この目標を達成するために「仕事の現場で、学習と成長発展の機会を日々リアルタイムにつくりだす」という具体策を推奨したい。

時間的な制約が厳しく、リスクが高まっているようなときにリーダーが思いがちなのは、とにかく仕事をこなさなければ、ということだ。そういうときのリーダーは、支配的になって周囲の人々にやたら指示を出すか、すべての作業を自分でやってしまおうとする（あなたも身に覚えがないだろうか?）。

その結果、リーダーもチームも学習する機会を逃してしまう。

では、仕事の現場でこなしている日々の課題を、いかにして成長の機会に変えられるのだろうか?

この疑問を解決するために、デュークCEのチームは実際例を探すことにした。

そうして見つけたのが、高いレベルの結果を出さなければならないという重圧のなかで、成長発展を促進しつつ求められる結果を出せた組織だ。

次に、それらの組織が、その状況下で成功した大きな要因が何であるかを分析した。

なかでもジョンズ・ホプキンズ大学医学部の学習環境は、イノベーションにあふれて高い効果を上げており、まさに手本にすべきだ。

今回、医学と生理学の教授でジョンズ・ホプキンズ・メディスン・インターナショナルのトップも務めているチャールズ・ウィーナー医学博士の協力のもと、デュークCEが行った調査の結果、ジョンズ・ホプキンズ大学医学部には次の4つの基本原則があることがわかった。

1 問題解決型学習

この学習方法では、実際に起きている問題に対処する場面を、批判的思考スキルや問題解決スキルを伸ばす機会として利用する。

ジョンズ・ホプキンズ大学医学部付属病院では、医師が入院患者に行う回診が、若手育成のための課題提供の場として日々活用されている。各回診ではベテラン医師の指導のもと、若手医師に症例を詳しく診る機会が与えられる。

この手法での回診は、有効な問題解決スキルを発揮できるかどうかを、誤診を防ぐ安全性が担保された状況で若手が日々常に試される場となっている。


企業が日常的に試す場として利用できるのは、朝のミーティング、毎週のプロジェクト進捗状況確認ミーティング、顧客訪問などだろう。こうしたミーティングは、あなたが率いる組織をうまく機能させるために必要だ。

だがその一方で、あなたはそれらの場を学びと成長の機会として最大限に活用しているだろうか？　あなたは仮定の状況を検討する場を設けているだろうか？　そのとき、参加者全員に意見を述べるよう促しているだろうか？

学ぼうというマインドセットをチーム内で活性化させるには、みなでテーブルを囲んでいるときにするような問いかけから始めることだ。

2「答えを教えるな。学ばせろ」

これはソクラテス式問答法にもとづいた指導法だ。経験を積んだベテラン医師がただ答えを教えるのではなく、問いかけや確認を通じて教えていく。

この手法では、ベテラン医師は自分の診断や意見をいきなり示すのではなく、若手医師や医学生たちに深い思考を促す質問をしなければならない。さらに重要なのは、ベテランの自分と彼らとの理解の相違を読み取らなければならない点だ。

ソクラテス式を取り入れたこの問答法は、若手医師や医学生の理解度を深めて自己発見を促進するだけでなく、彼らの理解に対するフィードバックループをその場ですぐに与えられる。

この手法は医療現場でよく知られていて、長年にわたって広く活用されてきたが、企業ではあまり用いられていない。チームリーダーがやるべきなのは、問題解決につながる質問をして、そこで問題に関するメンバー間の理解の相違を指摘することだ。

この方法で教えれば、リーダーはコーチとしてより優れた手腕を発揮できるようになり、各メンバーの思考力や発想力も強化される。すると、各メンバーの学習やチーム内での共通理解も促進される。

私たちの顧客企業のあるマネジャーは、次のように語っている。

「『答えを教えるな。学ばせろ』指導法は、顧客が抱えている特定の問題に関するチームの学習を深めるために役立つだけではありません。その問題を細かく検討することで、チームがこれまで見落としていたミスや間違った思い込みにも、気づくことができるようになったのです」

この手法を職場で取り入れる際には、コーチングで使われる次のような質問をすることをおすすめする。


「これまでどんな案を試したか？」

「うまくいっているものはどれか？　そうでないものはどれか？」

「この問題を別の観点から捉えられないか？」

「すべてのデータを入手しているか？」

「この問題についてどんな仮説を立てているのか？」

「この問題への対処を得意としている人は誰か？　その人ならどうするだろうか？」

3「V字の先端」

ジョンズ・ホプキンズ大学医学部付属病院では、各入院患者の治療を担当するチームの若手メンバー（通常は1年目の研修医であるインターン）の位置づけを「V字の先端」に喩《たと》えている。

研修医である若手メンバーは、患者に質の高い治療を提供するために結成された大人数のチームの第一線に立っている。さらに、第一線で奮闘する若手の学習と成長発展を促進することも、チームの目標の1つだ。

V字チームのほかのメンバーは、主治医、研修医、医学生、それに看護師だ。

彼らは「V字の先端」である若手研修医師の診療活動を一歩下がって見守りながらも、患者への質の高い治療を維持するために、必要なときにはすぐにサポートできるように待機している。

重要なのは、たとえチームとしてのサポート体制があっても、質の高い治療を患者に日々提供する責任を常に担うのは、あくまでこの若手研修医師だという点だ。

同じことをビジネスの現場で実施する場合はどうだろうか。

経験の浅いチームメンバーのなかで、最も適任と思われる人物に業務の遂行と結果に対する責任を持たせ、そのメンバーが責任を果たして結果を出せるように、ほかのメンバーがサポートすることになるだろう。

当然ながらチームリーダーとしては、最も経験豊かなメンバーか、その仕事を担当するのにふさわしい役職に就いているメンバーに、任せたいと思うはずだ。

それでも、リーダーはそうした当たり前の考えを捨てて、若手や経験の浅いメンバーを「V字の先端」に任命して、ベテランメンバーとペアを組ませることで、チーム全体の学習と成長発展を促進しなければならない。

そうして、「V字の先端」となったメンバーは、「問題に対処する」「プレゼンを行う」「顧客に対応する」といった業務の綿密な計画を立てる責任を負う。

先端のメンバー自身の考えが盛り込まれた計画が示されると、それに対する問いかけを中心とした議論が、チーム内で行われる。

この議論は、先端のメンバーの学習を深めるための問答による指導という意味合いが強いが、ほとんどの場合、チーム全体としての学習も深化させることができる。

私たちの顧客企業との取り組みにおいては、「V字の先端」の役割を担ったことで業務と結果に対する自分の責任感と熱意が高まったと、経験の浅いチームメンバーたちが感じたことが判明している。

彼らの多くは、それまで以上の責任を担う機会と、自身のスキルをチームで発揮できる機会を与えられて、ワクワクしたと語っている。

4「失敗から学ぶ」

ジョンズ・ホプキンズ大学医学部における4つめの基本原則は、「失敗から学ぶ」ことだ。これは、ミスやひやりとする事態は起きてしまうものであり、責任を追及するのではなく、成長する機会として捉えるべきだという考え方にもとづいている。

仕事を振り返って評価する際に、ビジネス界で主に使われる手法は「アフター・アクション・レビュー（AAR）」だが、事後にも役立つ評価を行うために気をつけるべき点は何だろう？

筆者のひとりであるサニン・シアンが軍の協力のもとで行った調査によると、アメリカ陸軍特殊部隊は、効果的なAARを行うために2つの基本原則を用いていることがわかった。

1つめは、チーム内でさまざまな見方があるという点を忘れないこと。チームメイトの意見は、みなそれぞれの独自の視点にもとづいている。どのメンバーも異なる役割を担っていて、チーム内で共有するにふさわしい考えを抱いている。チームでやり終えた仕事を振り返るときは、時間をかけて出席者全員の意見を詳しく聞こう。

チームで最も若手のメンバーは、特定の分野の知識が不十分かもしれない一方で、ベテランメンバーには見えていなかった行動パターンに気づけるかもしれない。あるいはベテランメンバーは、プロジェクトのあらゆる細かい点までは把握できないかもしれないが、各メンバーが担当した業務について俯瞰的なアドバイスを与えられる可能性がある。

2つめは、階級の上下に関係なく、チームの誰もが発言しやすい雰囲気をつくること。

アメリカ陸軍特殊部隊では、発言を歓迎する文化を積極的に浸透させてきた。同部隊では、誰もが周囲を批判してかまわない。つまり、何かがおかしいと思いながらも口をつぐんでいるのは、部隊にとってマイナスだということだ。

まず声をあげるときは、非難だけでなく、何をこれまでどおりにすべきか、何を改善すべきかについての行動指針を提案するよう求められる。

次にチームは、AARで学んだことを次回の任務に生かすために事前確認に時間を割き、それまで学んだことを各メンバーが念頭に置いているかを再確認する。

軍の部隊、医療現場、そして画期的な火星着陸作戦。それらの事例がもたらす見解は、チームとしての取り組み方について、これまでとはまったく異なる方法を示している。

企業と同様に、今日のチームはより一層短くなるサイクルのなかで、いかに速く動いて適応するかを学ばなければならない。そのため、あらかじめ想定したオペレーションどおりにしか動けないリーダーは、もはや必要とはされない。

チームに必要なのは、チームコーチとして考え行動できるリーダーだ。

すなわち、流れが変わるたびに新たな展開を思いつき、各メンバーから最大限の力を引き出し、その結果、組織に求められていた並外れた成果をもたらせるリーダーである。

☆2　**サニン・シアン**

デューク大学プラット工科大学教授で、デューク大学フクア経営大学院リーダーシップと倫理に関するコーチKセンターでの指導も行っている

☆3　**マイケル・カニング**

デューク・コーポレート・エデュケーションのニュービジネス担当グローバルヘッド

（『Dialogue』　2021年Q4）

第3章

複合危機における指揮

あらゆることが一斉に起きる時代の対応策

シャルムラ・チェティ[☆4]
ヴィシャール・パテル[☆5]

「ポリクライシス（複合危機）」
の最中に指揮を執るには、
分断化がますます進む世界に
適した戦略が必要だ

「ポリクライシス（複合危機）」に関する見解が示されたのは実は2023年ではなく、ポリクライシスという概念が初めて現実のものとなった2008年だ。

2000年代後半、豚インフルエンザ、世界金融危機、ロシアによるグルジア（現ジョージア）侵攻、さらにはコペンハーゲン国連気候変動会議が正式な合意に至らなかったことによって、大惨事への危機感が急速に高まった。

世界が直面する問題は、もはや単純なものでも、全容がはっきりしているものでもなかった。ますます複雑化した不確実な局面がいくつも現れ、しかもそのどれもが互いに重なり合っていた。

2023年のポリクライシスは、15年前に発生したものである。

「現在のこのような状況が始まったのは2008年です」

コロンビア大学の教授で歴史学者のアダム・トゥーズは、世界経済フォーラム（WEF）でそう語った。

「経済、政治、地政学、自然環境というきわめて重要な要因が合わさり、逆風を起こしています。原因をこの4つのうちの1つに絞ろうとするのは無理な話です。

ポリクライシスとは、わかりやすくいえば『ほら、ここではたくさんのことが一斉に起きているよ』という意味です。私たちは、まさにそのことについてもっとよく理解しようとしている途中なのです」

新型コロナウイルス感染症パンデミックの影響、ブレグジット・米中の関係悪化に端を発した脱グローバル化、ウクライナ侵攻によるロシアの武力行使拡大といった今日のポリクライシスの背景では、世界的な気候危機が起きている。

「あなたは、自分があらゆることの影響を一度に受けているような気がして、困惑しているかもしれません。でもそれは、決してあなたひとりだけが経験していることではないのです」とトゥーズは指摘する。「これはあくまで集団として、みなが経験していることなのです」

リーダーたちは、1つ前の時代には予想すらできなかった課題に直面している。社会、環境、経済の乱気流のなかで、企業や組織の舵取りをしなければならない。しかも、この乱気流は不安定、不確実、複雑、不明瞭なだけではない。

今や多くの乱気流が1点に集まり、相互に作用し、さらなる乱気流を生み出すまでになってしまっている。

WEFの『グローバルリスク報告書2023年版』では、「異なる種類の危機が起こしている相互作用によって、その全体的な影響はそれぞれの危機がもたらす影響の総和をはるかに超えるまでとなった」と指摘されている。

破壊、転換、不安定化

デューク・コーポレート・エデュケーション（デュークCE）が作成した「変化が生み出す課題」は、将来のリーダーたちが新たな状況で直面する課題を図式化したもの（次ページの図を参照）で、「変化のるつぼ」の最中にいるリーダーたちを示している。

この図に示した「変化のるつぼ」では、「3つのD」が重なり合い、それぞれから生まれた課題が相互に作用している。

- 破壊（Disruption）
- 転換（Displacement）
- 不安定化（Destabilization）

変化が生み出す課題

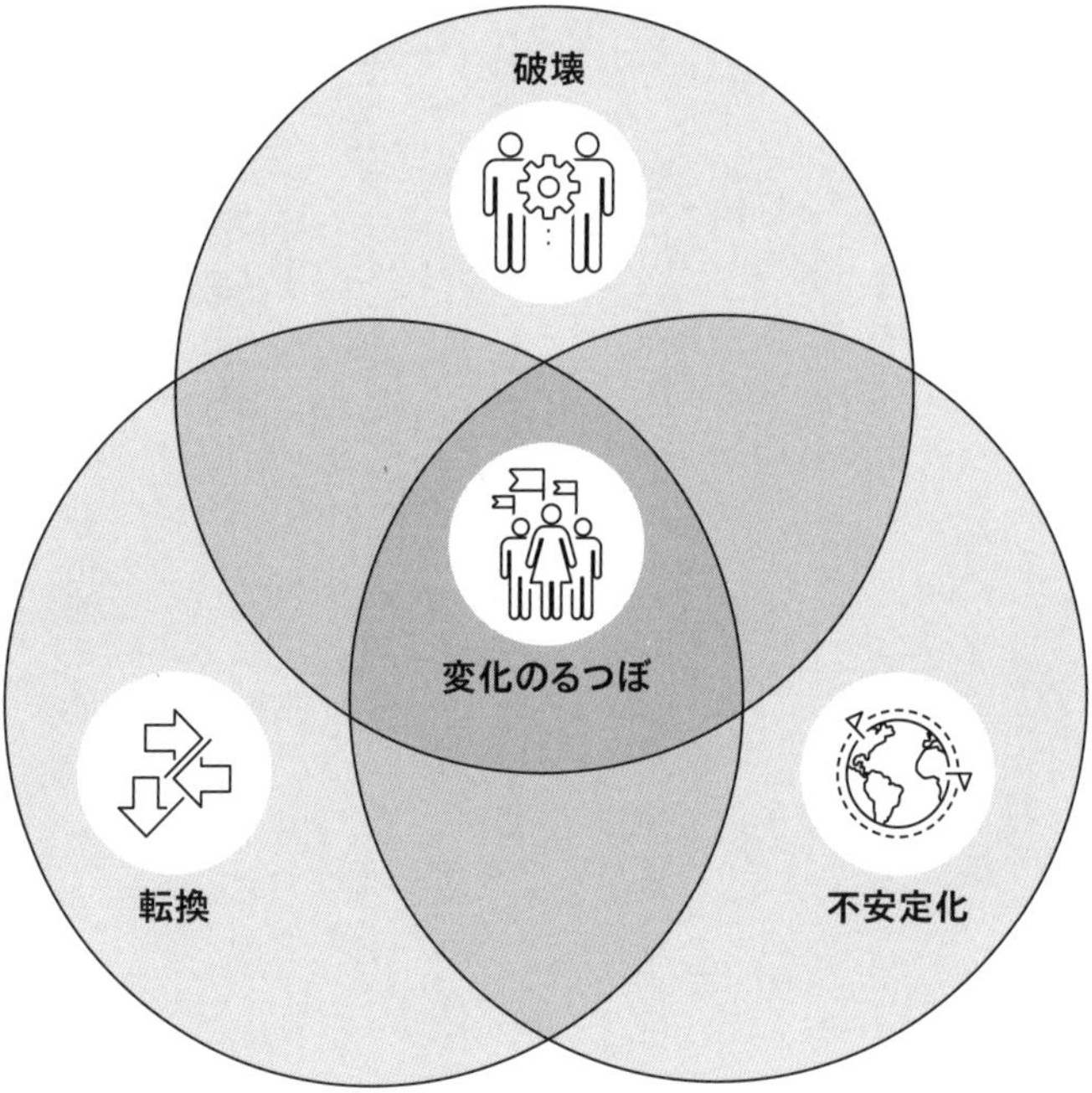

破壊

多くのリーダーたちは、「破壊」というものをすでに熟知している。

破壊にはさまざまなかたちがある。たとえば、旧来型の企業が縛られている責任や組織の硬直化とは無縁なスタートアップ企業が、デジタル・テクノロジーを活用して銀行業などに迅速に参入できるようになった。

あるいは、新型コロナウイルス感染症パンデミックがきっかけとなって従来の働き方が一変し、オフィス以外の場所でも仕事ができるようになったが、その反面、企業文化の構築は以前よりも難しくなった。

さらに、人種や男女間の根強い不平等による社会的緊張が当たり前のものとなり、しかも、外の社会でのそうした緊張が組織の内部にまで頻繁に入り込むようになってしまっている。

転換

一方、リーダーたちは「転換」についてはまだ手探りの状態だ。

転換の一例は、地経学（ジオエコノミクス）的な変化だ。それは現在すでに起きているし、しかも世界の分断化が進むにつれて今後ますます拡大して、ほかの地域でも起きるだろう。

たとえば、中国はつい最近まで「世界の工場」と呼ばれ、世界中から外部委託された製造を請け負っていた。だが現在では、西側企業は危険を分散するための策を取ろうとしている。生産を中国だけに頼るのは、もはや通常の選択ではなくリスクをともなうものと化してしまった。

それゆえ、同じく10億を超える人口を抱えるライバル「インド」の需要や生産高が増えた。西側企業が大事にしていた収入源や提携先は、中国以外に移りつつある。

1つの新興国だけとの関わりに慣れていたにもかかわらず、ほかの新興国とも新たに取引しなければならない事態に直面しているリーダーたちは、文化面での大きな転換を図らなければならない。

とはいえ、転換は地経学によるものだけではない。人工知能（AI）の急速な進歩によって、仕事でも変化が起きている。決まった手順で行われる仕事、つまりルーティンワークの需要は、どんどん減っている。

その一方で、かつて人がつくっていた製品をAIがつくるためのアルゴリズムを設計するという創造性の高い仕事は、より一層重視されている。

不安定化

今日では「安定した仕事」という概念が、ますます過去のものに思えてくる。

今後のリーダーたちは、「持てる働き手」と「持たざる働き手」の分断に直面することになる。「持てる働き手」は、AIに指示を出してイノベーションを起こせる創造的な仕事に携わっている層だ。一方、「持たざる働き手」は、AIに取って代わられる恐れがあるルーティンワークに従事している一般従業員だ。

AIは、はるかに多くの利益を企業にもたらすだろう。AIによって、より多くの仕事をより早くこなせるようになるので、労働生産性が大幅に向上する。しかもルーティンワークでは、人間よりロボットを使うほうが安上がりだ。

そうして、企業の上の層には十分な報酬が与えられる一方で、下の層は不完全雇用や失業の不安にさらされる。

その結果、企業、そして社会が「不安定化」する恐れが高くなる。

兆候かつ原因

52ページの図式が示しているように、破壊、転換、不安定化は、互いを栄養として増大する「負のエコシステム」を生み出す。デジタル・ディスラプションや社会的混乱という「破壊」が大きくなるにつれて、旧来型の組織構造やビジネス関係が脆くなり、その結果「転換」が起きる。

そうした新時代の変化のなかで、組織が自身のビジネスモデルを根底から変えようとすると「不安定化」が生じ、それがさらなる「破壊」の引き金となる。このように、「3つのD」は互いにほかの2つの兆候と原因になっているのだ。

成功への戦略

デュークCEは、この新たな状況下でリーダーが統率力を発揮するために最も重要だと思われるリーダーシップ戦略を3つ提唱する。成功に向けて人と組織を率いるための、中核となる戦略は次のとおりだ。

1 変化を恐れないマインドセットをもつ
2 共通の目標を全員に抱かせる
3 生成的リーダーシップを身につける

1　変化を恐れないマインドセットをもつ

変化を恐れないマインドセットをもつよう提唱する人は多いが、実際に身につけようとしている人はさほど多くない。絶えず続く変化、不確実さ、不明瞭さを受け入れることは、逆にすべてを掌握するよう求められる、すでに確立された従来の仕事の進め方とは相容れないからだ。

それでも、この新たな状況下でリーダーとして成功するには、変化を恐れないマインドセットを身につけることがきわめて重要になる。

そのためには、次のような取り組みが必要だ。

■将来のシナリオを何通りも用意しておく

リーダーは判断することを「一度きりの大きな分かれ道で、成功か失敗のどちらかを選ぶことになる行為」とみなすよりも、起こりうる結果を常に何通りも思い描いて準備する術《すべ》を身につけることに力を入れなければならない。

膨大なデータや時間的な制約に追われていても、リーダーが自分の決断によってもたらされるであろう結果を、ただ1つしか想定しないのは考えものだ。自身の判断によって生じるかもしれない予期せぬ結果についても、きちんと検討すべきだ。

そのためには、リーダーとしてもっと広い視野に立ち、「何ができるのか？」ではなく「何が起こりうるのか？」を自らに問いかけなければならない。

■絶え間ない変化を受け入れる

変化というものは、はっきりとした「分かれ道」ではなく、絶えず続いている状態だ。今日とこれからの人生を比べると、今日が最も変化の少ない安定した1日だったと思うはずだ。絶えず続く変化は、もはや新しい常識として定着している。

変化を恐れないマインドセットを身につけるためには、変化というものを、軽減または対処しなければならない深刻な脅威と捉えてはならない。むしろ、絶えず変化する状態によって与えられたチャンスを、生かそうとすべきだ。何かを選択するときは「もし恐れを抱いていなかったら、私は今どうするだろう？」と自分に尋ねてみる。

■過去を参考にする

歴史をうまく活用して大いに役立てる。今の自分がすでにわかっていることにもとづいて、過去の自分の判断にまでさかのぼって検証してみる。

あれからどんな変化が起きたのだろうか？　世界金融危機が目前に迫っていることがわかっていたら、２００７年に大きな投資案件を承認していただろうか？　新型コロナウイルス感染症パンデミックによって、その後2年間在宅勤務を導入せざるをえなくなることがわかっていたら、２０１９年に新規のオフィス賃貸契約を結んでいただろうか？

不確実さや急速な変化は、予測することも、避けることもできないのだと納得できれば、どちらも受け入れやすくなる。

2　共通の目標を全員に抱かせる

この戦略には有力な根拠がある。

アーンスト・アンド・ヤング・ビーコン研究所によると、自社の存在意義（パーパス）を示せる目標を戦略立案や意思決定の原動力としている企業ではイノベーションが起こりやすく、より効果的に変化に対応できるそうだ。

目的意識を高めて全員が共通の目標を抱けるようにするために、リーダーがやるべきことは次のとおりだ。

■「従業員エンゲージメント」を向上させる

「従業員エンゲージメント」が高い従業員、つまり「会社に対する信頼度や満足度」が高い従業員ほど、変化によりうまく対応できる可能性が大きい。

リーダーシップ論に造詣が深いアントニオ・ニエト・ロドリゲスは、次のように記している。

「変化に対応するためのプロジェクトの大半では、『投資利益率10パーセントを達成する』といった財政目標が掲げられる。だが、そうした目標では、従業員を『変化に対応するための取り組みに全力で携わろう』という気持ちにさせることはできない」

明日を担うリーダーたちは、もっと志の高い目標を掲げている。

自分が進めようとしているプロジェクトが、環境や社会をよりよくすることや顧客の幸福度の向上に、いかに大きな役割を果たせるかを考えてみよう。次に、自分たちが果たせるそれらの役割について、社内のチームに説明する。

ニエト・ロドリゲスは、ソニーの共同創業者である盛田昭夫の例をあげている。

日本がまだ「イノベーションの国」ではなく「模倣する国」とみなされていた当時、

盛田は製品の質の高さで日本を有名にすることがソニーの目標だと語った。
すると、従業員たちも、この愛国心に満ちた目標の達成を後押しした。

「なぜ？」という疑問を投げかける

変化にうまく対応できるリーダーは、「私たちはなぜこれをやるのか？」という疑問を自身に投げかける。

「起こりうる変化に対応するためのプロジェクト」を進めようとする際、それが結果的に、会社と顧客にどんな価値をもたらすかを検討しよう。

たとえばある小売店のリーダーが、自社ウェブサイトを大幅に改善したいと考えたとする。ただし、その作業にはかなりの時間と労力がかかることになる。

そこで「なぜこれをやるのか？」と自分に問いかけることで、「自社のウェブサイトに拡張現実の技術を取り入れるため」というもともとの理由が、「顧客へのより充実したサービスを生み出すため。それによって我が社の売り上げは向上し、従業員へのボーナスも増える」という、もっと支持されそうな理由に進化する。

■どんな得になるのかを詳しく説明する

あなたが進めている「変化に対応するためのプロジェクト」で、段階的な増益以外でのさらなる恩恵が見込まれる場合、そのことをきちんと伝えよう。

これは当たり前に聞こえるかもしれない。

だが、重要なプロジェクトを率いるリーダーは、その取り組みによって得られるであろう恩恵を控え目に見積もったり、明確に語ろうとしなかったりする場合が多い。

ステークホルダー全員が簡単に把握できるよう、プロジェクトで見込まれる恩恵をわかりやすい一覧にしておこう。

3　生成的リーダーシップを身につける

「生成的なリーダー」は、社内のみならず会社を取り巻く環境においてもリーダーシップを発揮する。生成的なリーダーたちの目標は、商業的、人道的、環境的、社会的な側面を兼ね備えている。そして、人と人とのつながりに重点を置いている。

多くの企業の役員室が生成ＡＩの話題でもちきりになっているが、その一方で、この新たなテクノロジーの限界も明らかになりつつある。

生成ＡＩは「現状のままの世界」における最適な解決策を、過去のデータや判断にもとづいて生み出す。

一方、生成的なリーダーは、これからつくられる世界に目を向けている。そこで新たなものを生み出すためになくてはならないのは、「創造力と好奇心」だ。

そうした生成的なリーダーを目指すためには、以下のことに取り組むべきだ。

商業的な利益とESGに関する便益を同時に実現する

明日を担うリーダーたちは、「環境・社会・企業統治（ＥＳＧ）」に関する便益と商業的な利益とのプラスの相関関係を理解していて、しかもそれを社内のチームや顧客をはじめとするステークホルダーにうまく説明できる。

ボストン・コンサルティング・グループは、次のように指摘している。

「リーダーたちの多くは、『よりよい社会や地球のために貢献することと、株主に利益をもたらすことは決して両立できないはずだ』という間違った思い込みを抱きながら仕事をしている。だが、環境、社会、企業統治におけるそれぞれの問題に対する企業の取り組みには、企業にとって強いプラスの相関関係があることが、数々の研究で繰り返し示されている」

最高の人材を引き寄せる

変化にすぐに対応できる組織を実現するには、変化にすぐに対応できる人材が必要だ。生成的なリーダー、つまりESGを考慮したマインドセットで統率するリーダーは、優れた人材を引き寄せて保持する能力に長《た》けている。

たとえばIBMの調査結果によると、就業者と就業希望者の71パーセントが「これまで環境保護に力を入れてきた企業のほうが、勤め先として、より魅力を感じる」と考えていた。

何事にも縛られない自由で強力なチームをつくりあげる

他部門と連携を取らない「縦割り型の仕事の進め方」や「いつもどおりの働き方」は、急激に変化していく今後の世界では通用しない。

生成的なリーダーたちは、部門同士の壁を越えて急速にイノベーションを起こせるような、才能あふれる強力な「特別機動隊」をつくりだせる。

従来の縦割り部門の壁を壊し、素早い意思決定とより迅速なイノベーションを促進することで、生成的なリーダーは「いつもとは違う働き方」ができるよう組織全体を備えさせる。

戦略の先にあるのは？

これら3つの戦略をものにしたリーダーは、破壊、転換、不安定化を乗り越えられるだけでなく、それらの状況下でさえ目標を達成して大きく成長するための武器を手に入れられる。

その結果、自分が進むための道を自らの手で切り開けるようになるはずだ。

それは、自分が率いている人々、さらにはほかの企業や政府もあとに続く道でもある。将来は未知のものだ。それゆえ、不成功に終わらない未来をつくりだすことも可能なのだ。

☆4 **シャルムラ・チェティ**
デューク・コーポレート・エデュケーションCEO

☆5 **ヴィシャール・パテル**
デューク・コーポレート・エデュケーションのグローバルマーケット部門長

（『Dialogue』 2023年Q3）

第4章

リーダーが示す戦略的な展望

進化するリーダーシップの定義

ブレア・シェパード[☆6]

今日の戦略的な展望は、
いまだかつて見たことがない様相を呈している。
この状況のなかで求められているのは、
数々の矛盾に折り合いをつけて
それらを有効活用できるリーダーだ

リーダーシップについての従来の考え方を徹底的に見直さなければならないときがあるとすれば、今がまさにそうだ。

街中にあふれる怒り、パンデミック、経済の混乱と所得格差、テクノロジーが行き着く先についての不安、誰を信頼していいのかわからないゆえに広まる不透明感、破壊のリスクを抱える企業、そしてきわめて強い党派心。

それらがすべて合わさった現状において、世界中の政界やビジネス界のリーダーたちは自身の限界を試されている。

この難局にうまく対処できるリーダーもいるが、多くは期待外れに終わる。

ただ、この世のリーダーの大半が平凡な資質しかもっていなかった、あるいはリーダーの選び方を誤ったなどとすぐに結論づけるよりも、この状況を別の観点から考えてみたい。

現在注目を集めている政治、社会、経済における激しい動きは、この世界で起きている急激な変化の表れであり、早急な対処が必要だ。

とはいえ、目まぐるしく変化する今の状況においては、これまで長きにわたって効果があった従来のリーダーシップをいくら発揮しても不十分なのだ。

今日のリーダーたちは、かつて誰も経験したことがないような世界で統率するよう求められている。今のこの状態を説明するために、私たちは「ADAPT」という新たな頭字語をつくった。

富と機会の「非対称性（Asymmetry）」、つまり格差がこれまで以上に拡大したことによって地域社会が分断され、多くの国や地域に影響を及ぼしている。

テクノロジーの発展の規模と速さによって予期せぬ「破壊（Disruption）」が起こり、社会不安や、緩和するのが困難なほどの気候変動というかたちで表れている。

世界における「人口年齢構成（Age）」の不均衡によって、社会はますます大きな負担を強いられている。

世界的な分断やナショナリズムの台頭は、国内や各国でより深刻な「分極化（Polarization）」を招いている。

こうした事態によって「信頼（Trust）」が低下し、市民社会が根底から脅かされている。

こうした傾向は加速する一方だが、その影響はもうすでに表れている。

そして、それぞれの事態が絡み合ったことによる危機が、いくつも起きている。

これらの危機に直面している今日、新たなかたちのリーダーシップがかつてないほど緊急に求められている。今日のリーダーとして身につけなければならない一連の能力は、どれも一見すると矛盾しているかのように思える。
- リーダーは大胆な決断をするための自信をもたなければならない一方で、軌道修正を行う謙虚さや、改革の必要性に気づける能力も備えていなければならない
- 約1万メートルの高さから状況を眺めて調査することに長けていなければならないと同時に、仕事がうまく回っているかを現場で確認しなければならない
- 会社を現在の成功に導いた伝統を大事に守らなければならない一方で、イノベーションを推進しつづけなければならない
- 社内で働く人々の心の動きや行動によって織りなされる人間関係にうまく対応しつつ、その関係がテクノロジーによって破壊される恐れもあれば、より円滑になる可能性もあることを理解しなければならない
- 地球規模で考えながらも、行動は足元から起こさなければならない
- リーダーは異なる意見を調整して合意に導くための手腕を発揮できなければならないと同時に、自分のインテグリティを高く保ちつづけなければならない

これら「6つのパラドックス」は、今日のリーダー全員が活用法を必ず学んで身につけなければならないものだ。その一方でこれら6つすべてが、一体となって1つの仕組みとしてはたらいているため、リーダーは対立しているいくつもの考えから生み出される大きな矛盾に折り合いがつけられる。

したがって、これらのパラドックスから得られる発想や振る舞いのヒントは、直面している課題の解決に役立つはずだ。

1 テクノロジーに精通したヒューマニスト

こうしたリーダーになるには、テクノロジー主導の世界で競うために必要な能力に長けていなければならない。だがそれと同時に、リーダーはテクノロジーによって人々が害を受けるのではなく恩恵を得られるよう、最善を尽くさなければならない。

要は、リーダーは人工知能だけでなく、心の知能指数についてもよく理解していなければならないということだ。

このパラドックスの「ヒューマニスト」面とは、人々の心の動きや行動、そしてそれらがテクノロジーのシステムによってどんな影響を受けるかを十分に把握しなければならない複雑なものだ。

もう片方の「テクノロジーに精通した」面とは、将来起きることや、テクノロジーが人々のプライバシー、暮らし、生活の質、社会関係に及ぼしかねない危険を見越したシステムを構築できることだ。

たとえば、「非対称性」に関する課題にどう対処すればいいか。テクノロジーに精通したヒューマニストなら、テクノロジーの進歩を原動力とする経済で、置いてきぼりにされた人々が活躍できる機会を増やさなければならないことに気づくはずだ。

そして、より高度な技能を身につけるアップ・スキリングを通じて、テクノロジーの進歩と効用のバランスをうまく取りながら、誰も置いてきぼりにされないようなシステムを構築する。

しかも、そうしてつくられたシステムはあらゆる人の役に立つはずだ。

2 戦略的な実行者

リーダーが決して切り離して考えてはならない2つの言葉の最たるものは、「戦略」と「実行」だ。前者では将来に対する洞察力が求められるし、後者では素早い行動が必要だ。

この2つはあたかも円を描くように、フィードバックし合わなければならない。戦略よりも実行を好むリーダーは、自ら失敗のお膳立てをしているようなものだ。なぜなら、そうしたリーダーは既存の仕組みによって起きる問題を解決することばかりに常に集中していて、仕組み自体の欠陥に気づくことも対処することもできないからだ。

こうした実行重視型のリーダーは、将来に向けてやらなければならないことを放置して目の前の問題ばかりを重視してしまうので、行き詰まってしまう。

その一方で、「戦略ばかり考えて実行に移さない」型のリーダーは、近い将来リーダーとしての地位を追われることになるはずだ。

そんなリーダーが率いる組織では、生き残るために全力で取り組まなければならない問題に対処できないからだ。目の前の小さな問題さえ片づけられないリーダーが、この先起こると考えられているさらに大きな問題を解決できるはずがない。

それに対して戦略的な実行者は、将来的には練り直しが必要なことまできちんと把握したうえで、明確な戦略を示す。そして、早急に対処しなければならない問題と、変化していく将来の両方を見据えながら戦略を実行に移す。

たとえば、「破壊」に関する課題にどう対処すればいいか。

リーダーは戦略家として、現在とはまったく異なる未来を思い描き、それにもとづいた計画を立てて前進しなければならない。

だが、それと同時に、そうした未来がやってくるまで確実に生き残れるよう、現在に向けた戦略も実行しつづけなければならない。

実際、トップクラスの戦略的な実行者たちは、自分が思い描いて戦略を立てた未来に向かって組織が万全の態勢で歩めるよう、各問題に応じた適切な実行手法をその場で繰り出せる。

3　世界的な視野をもつローカリスト

この特徴をもつリーダーは、自分が住んでいる場所や働いている場所、そして自分が率いている人々に貢献したいと強く思っている。

また「ローカル」、つまり「自分が属している地域社会」の社会的、文化的、経済的な問題について、大小を問わずうまく舵取りして解決する方法も知っている。

その一方で、地域レベルでは到底対処できない、大気、海洋、病原体といったものに関する、国境を越える大きな課題があることもわかっている。

地域社会での取り組みはその地域の経済を成長させられるが、それでも地域レベルの経済は単独では成り立たない。

他方、世界または全国レベルでの経済的、社会的な取り組みには通常は多額の資金が投入されるため、長期的な戦略モデルや短期的な戦術モデルをいろいろ試すことができる。だが、それらのモデルが地域レベルで効果があることが確認できなければ、全般的な向上は見られても個々においてはうまくいかない場合も出てくる。

たとえば、「人口年齢構成」に関する課題にどう対処すればいいか。

若年人口のニーズは高齢人口のニーズと大きく異なっている。

「地域社会ファースト」を念頭に置いた解決策を優先すれば、そこに住んでいる人々のニーズに合った、活気あるコミュニティづくりや町づくりを促進できる。

ただし、この手法は「地域レベルで切磋琢磨するための最善の策は何か」「地域社会をうまく機能させるために必要な、外部の人材や資金を呼び込むためにはどうすればいいか」「国境を越える課題の解決に、地域レベルでいかに携われるか」といった疑問に対する答えを見つけられるよう、世界的視野をもちながら実践することが重要だ。

4　謙虚な英雄

あまりに多くのことが急激に変化している今日、リーダーたちはこの不安に満ちた時代だからこそ、自分は自信あふれる英雄のように振る舞わなければならないと思っている。それはもちろん悪いことではないが、英雄の勇敢さと、「自分はすべての答えを知っている」という傲慢《ごうまん》な思い込みを、決して混同してはならない。

大きな変化が急速に起きているなかで求められるリーダーとは、迅速に判断して行動できると同時に、その判断によって影響を受けるであろう人々、または豊富な専門知識を有する人々に意見を促し、それに耳を傾けられる人物だ。

ただし、異なる意見があまりに多いと、身動きが取れなくなってしまう場合も当然ある。たとえば、課題に対してさまざまな解決策が次々に示されると、リーダーは判断をためらってしまうかもしれない。

そんなときこそ、この4つめのパラドックスの「英雄」面が再び現れることが期待される。

真のリーダーは、自分がわかっていることにもとづいて判断することを恐れない勇気を持ちあわせている。しかも、選んだ策がのちに不十分だとわかれば軌道修正することも厭《いと》わない。

たとえば、「分極化」に関する課題にどう対処すればいいか。

謙虚な英雄は、自分と意見をともにする人々が直面している課題が世間の関心を集めて重視されるよう、自分の強さと決断力を生かすことができる。

それと同時に、時間をかけて課題の問題点を隅々まで把握し、反対派と思われる人々に近づいて「私たちの解決策は必ず両者の橋渡しになる」と説得し、立場を超えた協力を仰ぐ。

自分と意見をともにする人々のさまざまな課題について、自ら代表となって要求をつきつけ、さらには当初は反対していた人々までも引き入れてまとめてしまう能力こそが、謙虚な英雄たるゆえんだ。

5　インテグリティが高い策士

インテグリティが高い策士は、政治力に非常に長けている。要は、支援を獲得する、交渉する、協力体制を築く、反動を予測する、さまざまな意見が出るなかで反対派に打ち勝つといったことを得意としている。

それとともに、彼らは合意形成や意思決定の過程で周りからの信頼を保ちつづけられるし、「自分が出した意見を大事にしてくれる」と関係者全員から常に思われている。

これはインテグリティが高い人物にしか成しえないことだ。

透明性の高いインテグリティを示して、自己の利益のためではなくグループ全体の目標達成のために熱心に取り組めるリーダーだけが、成功を収められる。

たとえば、「信頼」に関する課題にどう対処すればいいか。

過去のリーダーたちの意思決定過程には、インテグリティが明らかに欠けていたため、信頼が失われてしまった。信頼を取り戻すために必要なのは、すべての人が恩恵に浴すという目標を決して曲げることなく、合意を形成できるリーダーだ。

6 伝統を大切にするイノベーター

企業の「中核的な目標（コアパーパス）」と、「イノベーションの文化」を結びつけるには、並外れたスキルが必要だ。

前者は創業時に掲げられた会社の基礎となる理念であり、長年にわたって社内を1つにまとめる役割も果たしてきた歴史あるものだ。他方、後者は失敗すら恐れずに新しいことを試せるよう、チームや個人を何のためらいもなく奮い立たせるものだ。

なお今日では、このパラドックスの2つの面はどちらもきわめて重要だ。創業時の理念が忘れ去られている企業も多いが、そもそもこの理念にもとづいて会社の価値が生み出されているので、会社にとって失ってはならないものだ。

イノベーションは、それらの価値にもとづいてなされなければならない。

リーダーは、組織が時代に合わせて進化しつづけられるための策を推し進めなければならないが、それと同時に、コアパーパスに忠実でありつづけ、市場における自社の存在意義を尊重しなければならない。

繰り返しになるが、「信頼」に関する課題にどう対処すればいいか。

たとえば、メディア、政府、教育、取引市場、警察・警備、防衛に関連する機関の価値は明らかだ。ただしそれらの機関が、世間がそもそも彼らを信頼して頼ろうと思った要因を維持したまま、よりよい方向へ変化できるかどうかについては、議論の余地が大いにある。

伝統を大切にするイノベーターは、自身が率いる組織のコアパーパスを理解する能力に長けていて、しかもそのパーパスを最大限に今の世界に合わせた最も効果的なかたちで伝えられるよう、高い創造性を発揮できる。

これら6つのパラドックスをすべて完璧に身につけるのは、到底無理かもしれない。

だが、身につけているリーダーシップのスキルだけでは、組織が直面している数々の課題にすべて対処するのは難しい。優秀で世慣れたリーダーたちが自身の強みを熟知していて、自分がどのリーダーシップ・パラドックスをうまく活用できるのかをしっかりと把握しているのは、そういうわけだ。

さらにいえば、彼らが、自分には不向きなパラドックスをうまく活用できる別のリーダーを、補完役として周囲に置いているのも同じ理由だ。

ただしリーダーには、学ぶ能力、向上する能力、そしてよりよいリーダーになるための能力も備わっている。

そのうえで、自分が住んでいる町、働いている組織、企業あるいは機関に深い愛着を抱いていて、それらの将来に影響を及ぼすようなきわめて大きな問題に立ち向かおうとする。

そうした数々の危機や課題に対して勇敢さと緻密な計算で向かっていき、乗り越えるために真心を込めて全力を尽くす。

これを実際に経験したリーダーなら、ＡＤＡＰＴの時代に適したこのリーダーシップ・パラドックスは、見た目ほど矛盾していないと感じるはずだ。

☆6 ブレア・シェパード

PwCグローバルネットワークのストラテジー&リーダーシップ部門グローバルリーダーであり、デューク大学フクア経営大学院の名誉教授と名誉学長も務めている。本稿の執筆には、PwCのシェパードのチームに所属しているスザンナ・アンフィールドとアレクシス・ジェンキンスの両ディレクターも参加している

(『Dialogue』 2020年Q3)

PART 2

Strategy

戦略

第5章

顧客が求める経験の理解

顧客との新しい関係の模索

リタ・マグレイス[☆1]

顧客との関係を変革するための第一歩は、
彼らがどんな経験をしているのか、
それを理解することだ

理屈のうえでは、どんな企業もデジタル・テクノロジーですばらしい顧客体験をつくりだせるようになり、真の顧客中心組織になるという目標を達成できるはずだ。

だが大抵の場合、現状は理屈とは大きく異なっている。

たとえば、次の数字を見てみよう。

ベイマード研究所の2022年のデータによると、オンラインショップのウェブサイトでの「カゴ落ち」率は68・8パーセントにのぼるという。

つまり、商品が欲しくなってカートにまで入れた100人の顧客のうち、70人近くは購入手続きを終わらせないまま、ウェブサイトを離れてしまうというわけだ。

この事態を、オンラインショップ運営者の立場で考えてみよう。

あなたは、ウェブサイトの見た目や使いやすさがよくなるようお金をかけた。

買ってくれそうな顧客がウェブサイトを訪れるよう、マーケティング活動に力を入れた。買い物をする顧客が満足しそうな品ぞろえを実現した。

顧客がスムーズに購入手続きを進められるよう、決済サービスプロバイダーを導入した。ウェブサイトの安全性を高めるために、システムの保護に投資した。顧客の質問に答えられるよう、オンラインチャットの対応要員を待機させた。

どうやらすべてうまくいっているようだ。あなたのオンラインショップを訪れた人々はショッピング・カートにどんどん商品を入れていて、購入手続きまであとわずかなところまで来ている。

すると、そこで「何か」が起きる。

あなたが想像すらしていなかったかもしれないその「何か」が原因で、顧客は「あ、やっぱりもういいや」と思ってしまう。

それはもしかしたら、顧客は目当てのものをさっと買いたかっただけなのに、アカウント登録を求められたからなのかもしれない。

画面に示された決済方法の選び方が、わかりづらかったからかもしれない。

最後のほうで示された送料が、予想以上に高額だったからかもしれない。

購入したい商品の配送が、使いたい日に間に合わないからかもしれない。

購入手続きの進め方がわからずに、あきらめてしまったからかもしれない。

希望する決済方法にサイトが対応していなかったからかもしれない。

あるいは、ウェブサイトに不具合が多かったからかもしれない。

理由はどうあれ、顧客はすでに去ってしまったのだ。

顧客消費チェーン

何がおかしくなっているのかの分析に役立つ手法の1つに、私が「顧客消費チェーン」と呼んでいるものがある。顧客は何かを購入するにあたって、一連の非常に多くの行動をとる必要がある。それぞれの行動は、鎖（チェーン）の輪の1つとして捉えられる。

出発点は、自分が何を必要としているのか、顧客自身が気づくことだ。ちなみに、それはあなたも提供できるものだ。顧客は入手先を探し、候補を検討する。

その後、購入、支払い、契約といった行動に移るかもしれない。こうした行動の輪がつながったチェーンは、あなたの組織と顧客との関係を表しているものとみなせる。

次ページの顧客消費チェーンの図は、サービス業での一例だ。細かい点は省略して消費経験の全体像を示したチェーンでさえ、輪の数はかなり多くなる。

このチェーンから、先ほどの問題が顧客の立場から見えてくる。

まず顧客は、このチェーンの初めから終わりまで、各段階がおおむね自然に次の段階へとつながっている、1つのまとまりとして認識している。

サービス業における消費チェーン例

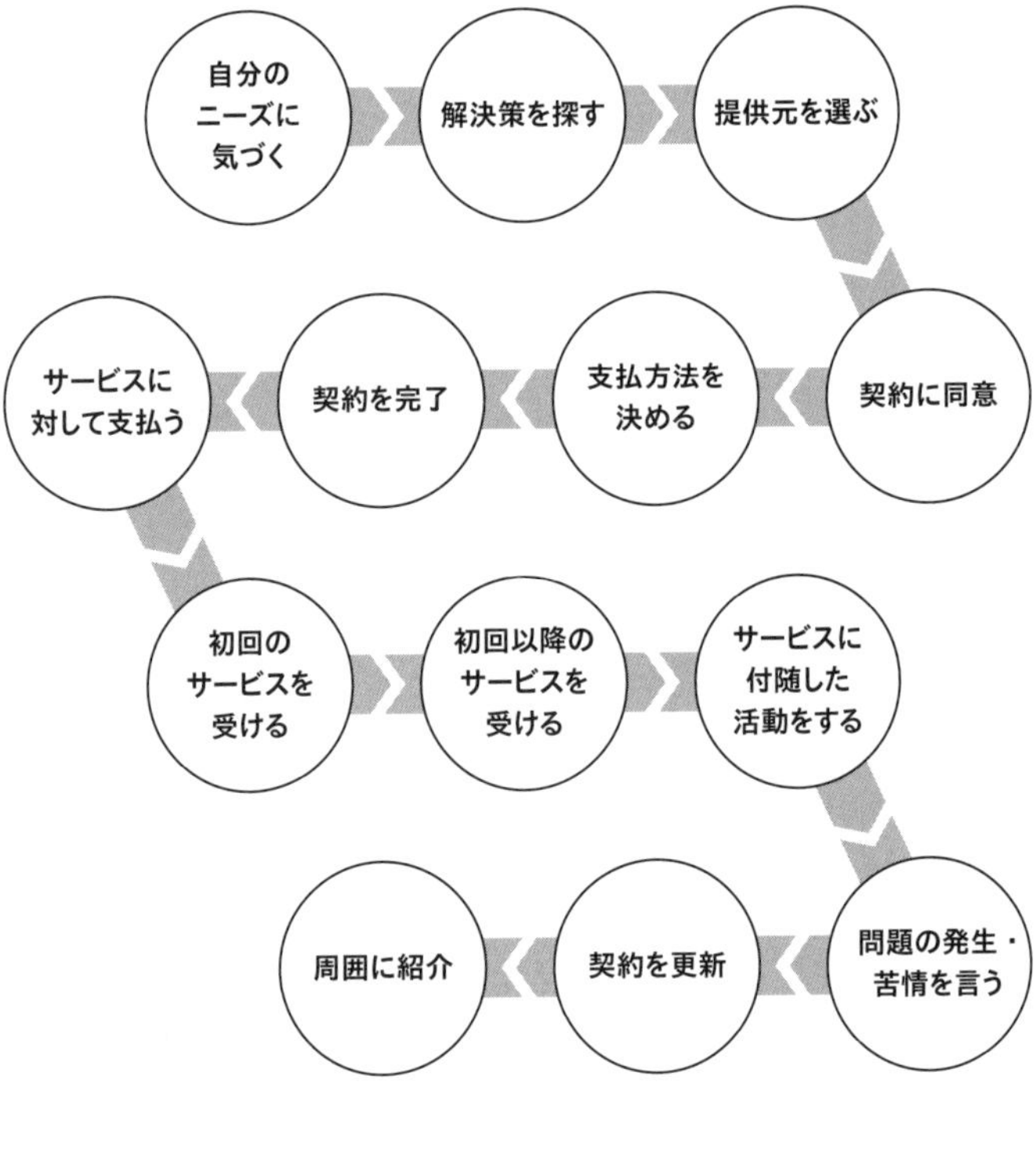

一方、あなたの組織の人々は、自分が任されている段階しか見ていない場合が多い。組織では効率性を考えて、同じ系統の仕事を同じ「部署」、つまり同じ業務上の区分にひとまとめにしてしまう。

すると、次のようによい面もあれば問題点も出てくる。

- **ファイナンス部**は、顧客の信用度や完済までの期間などについては、すべて把握している
- **マーケティング部**は、顧客が商品やサービスを実際にどうやって利用すればいいのかについては、何の知識も持ちあわせていないかもしれない
- **法務部**は、将来的に責任を問われるかもしれない危険性から、あなたを守ることにかけては最高の手腕を発揮できるかもしれないが、彼らが使っている専門的な法律用語が顧客にどれほど冷淡な印象を与えているかについて、まったく気づいていない可能性がある
- **ウェブデザイナーやプログラマー**は、あなたのウェブサイトのブランド戦略や位置づけは理解しているかもしれないが、そのウェブサイトを顧客の視点で見たことは一度もない

組織が一体となって顧客中心の対応をするために
デジタル・テクノロジーを活用する

デジタル・テクノロジーをうまく活用すれば、これまでのやり方を再考できる。センサーを導入すれば、顧客が消費チェーンを進んでいく様子をセンサーがモニターして、危険な兆候があれば知らせてくれる。評価指標をうまく定義できれば、組織は適切な先行指標に従って修正措置をとることができる。

たとえば、創業当初からデジタル・テクノロジーを駆使している「真の顧客中心主義組織」として有名なアマゾンを見てみよう。

巨大小売企業である同社については、コリン・ブライアーとビル・カーが著書『アマゾンの最強の働き方』（ダイヤモンド社）で実例をあげながら詳しく描いている。同書では、顧客が消費チェーンをうまく辿れるよう、アマゾンが指標をいかに活用しているかが説明されていて、アマゾンの消費チェーンの輪の1つである「選択」についての例もあげられている。

ここでの顧客の行動は、商品を選んでオンライン上のショッピング・カートに入れることだ。

同社は、取り扱う商品を書籍以外にも拡大しはじめた当初、商品詳細ページを増やせば増やすほど、顧客により多くの選択肢を提供できて、売り上げも増加すると予想した。

そしてその指示のもと、小売りチームは新たな商品詳細ページを急激に増やしていった。だが残念ながら、それほど多くの選択肢を追加しても売り上げ（アウトプット指標）の向上にはつながらなかった。

さらに困ったことに、指標分析チームが調べたところ、小売りチームがページ数を増やすために、需要があまりない商品まで追加していたことが明らかになった。

そこで、指標分析チームは「指標」にする数値を「商品詳細ページの閲覧回数」、すなわち「ページビュー」に変えた。

だが、これも完璧な指標とは呼べなかった。

顧客が、ある商品詳細ページに辿り着き、商品を詳しく見て買おうとすると在庫切れだったりするからだ。

その結果、また新たな指標が考え出された。

それは在庫のある商品のページビューだった。

このほうが役に立ったが、アマゾンの成功のカギと考えられていた要因「多くの商品が48時間以内にお届け可能」についての情報が盛り込まれていなかった。

結果、最終的に導入された指標は「在庫があり、即時発送可能で2日間以内にお届けできる商品の詳細ページの閲覧率」だった。

これはやがて「即時発送可能な在庫あり商品（ファスト・トラック・インストック）」と呼ばれるようになった。

この指標の特徴は、従業員が管理報告する必要もなければ、データの意味を読み取る必要もないという点だ。

つまり、従業員たちはそういったことをしなくても、やるべき仕事を自己管理で行って、顧客にすばらしい体験を提供できるというわけだ。

何をすべきかを指図する必要性をなくせば、従業員たちは、顧客にどんなよいサービスを提供できるかについて「上の承認が不要な」視点で考えられるようになる。

そう、あなたがいちいち管理しなくてもよくなるのだ。

デジタル・テクノロジーによって音楽消費行動がいかに変化したか

音楽のストリーミング・サービスが録音音楽の消費経験をいかに一変させたかを見てみよう。次は以前のチェーンの一例だ

1 **自分のニーズに気づく**

ラジオで曲を耳にする。好きなアーティスト自身が発信した新曲情報で知る。新アルバムの発売を宣伝といった方法で知る

2 **探す**

近所の店でCDを探す。もし店になければオンラインで注文する

3 **購入する**

店かオンラインで購入する。CD1枚の値段は約15ドルで、1枚のCDにはたくさんの曲が入っている

4 **受け取る**

発送されたCDを受け取る。または、店から持ち帰る

5 **包装を開ける**

CDの包装フィルムや開封防止シールをはがす。とても面倒で手間がかかる

6 **消費する**

家のなかや移動中の車のなかでCDをプレーヤーに入れて、またはポータブルCDプレーヤーで音楽を聞く

デジタル・テクノロジーによって音楽消費行動がいかに変化したか

スポティファイやパンドラといったサービスを利用する新たなチェーンは、前のものとはまったく異なっている

1　自分のニーズに気づく

以前の消費チェーンの場合に加えて、スポティファイの「ディスカバー・ウィークリー」などがある。これはユーザーが前に聞いた曲、またはお気に入りの曲と似たような曲のリストが、ユーザーごとに作成、提供されるサービスだ

2　探す

自分が好きなアプリで曲を探す

3　購入する

無料で聞くか、サブスク契約で聞く

4　受け取る

聞きたい曲があればプレイリストに追加する。ダウンロードしてあとで聞くこともできる。特筆すべきは、特に聞きたくない曲まで入ったアルバムの全曲をダウンロードする必要はなく、本当に聞きたい曲だけをダウンロードできること

5　包装を開ける

不要

6　消費する

家または移動中にかかわらず、スマートフォンなどの機器で音楽を聞く

片づけたい用事《ジョブ》

顧客消費チェーンと同じくらい役に立つ考え方は、購入動機を「顧客の『片づけたい用事（ジョブ）』として捉える」だ。

故クレイトン・クリステンセンとアンソニー・アルウィックが提唱したこの理論は、「あなたが提供するものを顧客が買う（または買わない）」と考えるのではなく、「あなたが提供するものを顧客が生活上のジョブを片づけるために『雇用する』（そして、場合によっては『解雇する』）」と考えるべきだというものだ。

たとえば、私が片づけたい主なジョブが「次のズーム会議が始まるまでの短い時間内に、あなたのウェブサイトで買い物をして購入手続きを終える」だとする。

そのため、アカウント登録フォームに記入しなければ購入できず、手続きに時間がかかってしまうのであれば、あなたのウェブサイトを「解雇する」だろう。

「片づけたいジョブ」の視点から見れば、あなたが直面している競争は同業他社どころではないかもしれないこと、あなたが立てていた顧客の行動予測はおそらく間違っていること、例の「何も消費しない」「何もしない」という行動も多くの顧客にとっては実行可能な選択肢であることがわかってくる。

では、多くの人々の人生において重大な位置を占めているジョブである「結婚する」についていて見てみよう。ブライダルビジネスは急成長している。

『ニューヨーク・タイムズ』によると、2022年のアメリカでの挙式予定数は約250万件で、これは1984年以降で最も多い。

結婚式を予定しているカップルは幸せいっぱいかもしれないが、どんなかたちの式であろうと、出席者側にも何らかの金銭的な負担がかかる。

つまり、結婚式に招待される回数が最も多い年代（25歳から35歳ぐらいまでと思われる）に何かを売ろうとしている場合、彼らが結婚式の出費を考慮しなければならないということを頭に入れておかなければならない。

人口動態変数ではなく行動で分類する

顧客との関係を新たなものにするための3つめの案は、顧客の分類（セグメンテーション）を再考することだ。

何十年もの間、顧客を年齢、収入、既婚・未婚、居住地といった人口動態変数で分類するのが一般的な手段だった。

問題は、分類の目的が商品やサービスを顧客の特定のジョブに応じて提供できるようにするためであるにもかかわらず、人口動態変数による分類からは、彼らの主要なジョブについてはほとんど読み取れないということだ。

サザン・ニューハンプシャー大学で学長を務めるポール・ルブランは、同校の運営を全面的に見直すことで、この問題に対処した。

ルブランの考察によると、通学制の学生たちが大学に通う本当の目的は「大人への仲間入り」を経験することだった。同校に進学を検討している高校生たちは、授業のカリキュラムの詳細を知りたいとは特に思っていないようだった。

代わりに「自分はどの社交クラブに入るべきだろう?」「ほかの学生たちはどんな感じの人なんだろう?」といったことに興味があった。

一方、オンラインの通信制では、「大人への仲間入り」をすでに果たした学生が多く、彼らはその大変さを嫌というほど経験していた。

彼らの多くは、人生でいろいろあって、学業を中断せざるをえなかった。

予期せぬ失業、子育て、家族の緊急事態といった事情で、学位を取れなかったのだ。彼らの多くにとって、学位がないことはよりよい人生を歩むための唯一最大の壁だった。ルブランは、こうした学生たちの主要なジョブは「完了させる」ことだと考えた。

そうしてルブランは、多忙な大人であるオンラインの通信制学生の入学手続きを、通学制の学生のものとはまったく異なるものにしなければならないことに気づいた。たとえば、高校3年生との学資援助の話し合いは数カ月にも及ぶことがあるが、オンラインの通信制への多忙な入学希望者たちとはそうはいかない。彼らとは、ごく短時間で話をまとめるべきなのだ。

一歩を踏み出す

この3つの考え方を実践する方法は、顧客の潜在的なニーズ（顧客インサイト）を探る「探偵」になることだ。

理想をいえば、あなたが提供するものに対する顧客の主な行動にもとづいて、「顧客像（ペルソナ）」をいくつか設定する。

次に、「片づけたいジョブ」の観点から、その顧客の主な行動がどのようなものかを考えて書き出す。

そこから彼らの「消費チェーン」を、ある段階から次の段階への移行を逃さないよう確認しながら、できるだけ正確に作成する。

どんな出来事がきっかけとなって顧客が次の段階に移るか否かを把握する。さらに、顧客が前に進むのを妨げている障害物を特に注意して探し出す。

顧客の体験の全体像を把握するには、顧客があなたが率いる組織の人間や部署のどれほど多くと接点を持たなければならないかを、あなた自身が知ることだ。

この手法で実際に全体像を把握してみると、あなたもきっと驚くはずだ。あなたのそうした体験こそが、あなたが顧客に、まさに提供している体験だからだ。

あなたは、作成した消費チェーンのそれぞれの輪において、顧客が何を達成しようとしているのか、その途中に何らかの障害物がないかを把握しなければならない。

さらに、それぞれの輪での体験をいかにより迅速で、より安くて便利で簡単な、よりよいものにできるかを考えなければならない。

あるいは、完全になくしたほうがいい輪もあるかもしれない。

そうして、ここまでの洞察にもとづいて率直な評価を行ってはじめて、すべてを網羅した優れた顧客体験をつくりだすためにデジタル・テクノロジーをどのように活用すべきかを、検討できるようになる。

このように今日のデジタル時代においてさえ、真の顧客中心ビジネスをつくりだすための第一歩は、テクノロジーの活用ではない。

また、あなたが提供している商品やサービスでもない。

第一歩は、とにかく顧客体験に始まり顧客体験に終わる。

消費者として、常に商品やサービスを「雇用」したり「解雇」したりしている私たちは、このことをよくわかっているはずだ。

さらに、消費チェーン全体についても分析する。

顧客の片づけたいジョブについて深く掘り下げ、顧客を行動という視点で捉えることは、洞察を得るための確実な方法だ。

しかもその際、デジタル・テクノロジーは一切不要である。

★1　リタ・マグレイス
コロンビア大学経営大学院の経営学教授で、デューク・コーポレート・エデュケーションでは「戦略的機敏性の獲得法」の講座を受け持っている
（『Dialogue』 2022年Q2）

第6章

組織デザイン思考の第一人者

ジャスティン・フェレルの視点

ベン・ウォーカー☆2

スタンフォード大学dスクール、
デュークCEの万能型教養人《ルネサンスマン》に
ベン・ウォーカーがインタビュー

あなたの資質を最も的確に把握しているのは、あなた自身ではなく周囲の人だということもある。

「自分ではわからなかった私自身の可能性を、周りの人々が伸ばしてくれたのです」と、スタンフォード大学のジャスティン・フェレルは語った。

デザイン思考の第一人者であるフェレルのキャリアの出発点は、地方紙のスポーツ記者だった。

「成長するために必要なのは、あなた自身の能力だけではありません。あなたの可能性を見抜いてくれた、周りの人々の期待に応えることも重要なのです」

フェレルにはキャンペーン報道で知られる名門紙『ワシントン・ポスト』で働くという、少年の頃からの夢があった。

「きっかけは、映画『大統領の陰謀』を観たことです」

夢はかなった。だがその理由は、自分には記者の素質があるという彼自身の考えが正しかったからではなく、デザイナーとしての彼の才能を周りが見抜いたからだ。

フェレルが働いていたフロリダ州セントオーガスティンの新聞社のスポーツ部には、担当者が3名しかいなかった。そのため、全員があらゆる仕事をこなさなければならなかったという。当時まだ23歳だったフェレルは、来る日も来る日も高校生のアメフトの試合を取材して記事を書いては、紙面にレイアウトしていた。

紙面デザインのやり方は、スポーツ部の編集長から教わったものだが、フェレルはほかの仕事にも携わりたくてたまらなかった。

「世間ではもっと大きなことが起きていましたので、スポーツ以外の報道もやりたかったんです。スポーツ部の記者になるのは、競争率が高くてとても大変だったのですが。私があのセントオーガスティンの新聞社にスポーツ記者として入ったときは、ほかに応募者が80人ほどいたそうです。おそらく私が選ばれた理由は、給料が一番安くすんだからでしょう」

フェレルは自分が書いた記事の切り抜きを全国の新聞社に送った（当時はインターネットが普及する前だったため、紙面から記事をはさみで切り取った、いわば正真正銘の切り抜きだった）。

だが、いくら送っても断られるばかりだった。

フェレルは当時を振り返って語った。

「アメリカ中の新聞社に切り抜きを送っても、面接にさえ辿り着けませんでした」

そんなある日、ノースカロライナ州グリーンズボロの新聞社から連絡があった。

「『私が書いた記事を気に入ってくださったんですか？』と聞きました。すると先方は『いや、あなたが書いたものは今ひとつでした。ただ、報道部はあなたの切り抜きをこちらに回してきました。うちは編集部なんです。あの記事の見出しを書いたのはあなたなのかどうかを確認したくて連絡しました。あと、あの記事のレイアウトもあなたがしたんですか？』と尋ねてきたのです」

フェレルがそうですと答えると、レイアウト・デザイナーとして面接を受けることになり、採用された。

「私がデザイナーになったのは、記事を書くよりも、デザインする才能のほうが大きいと業界の方々が教えてくれたからです」

5年後、フェレルは同じくノースカロライナ州にあるローリーの新聞社に管理職として転職した。すると、そのわずか1年後、『ワシントン・ポスト』で仕事をすることになった。回り道をした結果、夢がかなったのだ。

「数々のチャンスは、私自身が摑もうとしたものよりも、周りの人々が与えてくれたもののほうが多いのです」

『ワシントン・ポスト』で働きはじめてから約8年後、同社とウェブサイト部門が合併（以前は別会社だった）したのをきっかけに、フェレルはデジタルデザイン業務を担当することになった。

そして、同紙のアイパッド用アプリのデザインを進めていたとき、スタンフォード大学ハッソ・プラットナー・デザイン研究所（通称スタンフォード大学dスクール）のデイヴィッド・ケリーの研究を紹介した記事を読んだ。

その後、ケリーと仕事をする機会があったという同僚から「あの研究所はものすごいところだ」と聞かされた。そこで、フェレルはジャーナリズム特別研究員としてdスクールに入った。

表向きは『ワシントン・ポスト』を一時休職したかたちになっていたが、フェレルにはもう戻る気はなかった。

フェレルは家族とともに、カリフォルニア州での暮らしを満喫していた。そうして1年目が終わる頃、フェレルが気づいていなかった彼自身の資質を見抜いていた人に声をかけられた。

dスクールのエグゼクティブ・ディレクターであるサラ・ステイン・グリーンバー

グは、分野に囚われない特別研究員プログラムを開講したいと考えていて、しかも一刻も早く始めたいと思っていた。

「『新規のプログラムを立ち上げたいので、あなたにディレクターになってもらって、早速数カ月後に始めるのはどうかしら？』と彼女に頼まれたのです」

その年の秋には、またしても周囲の人の見抜く力のおかげで、フェレルの人生は再び大きな転換点を迎えていた。

フェレルが歩んだキャリアと、彼が現在スタンフォード大学で教えているデザイン思考には大いなる共通点がある。

彼は中古車販売業者を引き合いに出して説明した。

「私は中古車販売業者のやり方に反感があるわけではありません。ただ、顧客に対する経験や勘にもとづいた押しの強い売り方と、デザイン思考のテストは別物です。後者では、自分のアイデアや考えを相手の手に委ねて反応を見ます」

何年も前のあの日、グリーンズボロの新聞社の編集部がそうだったように、自分が期待していたとおりの反応を相手が示さないこともある。

「彼らはどんな点が気に入ったのだろう？　どんな点が気に入らなかったのだろう？　どんなことを尋ねたいと思っているのだろう？　彼らにはどんな新たな案があるのだろう？　そこで得られるフィードバックこそが、次に進むべき方向を示してくれるものなのです。自分のアイデアや考えのなかで、自分がフィードバックを受け入れる気がないもの、または『みなさんにとって最適な策を思いつきました』と人々を説得できると思うものには、あまり執着しないほうがいいのです」

フェレルはデューク・コーポレート・エデュケーション（デュークCE）でも講師の役割を担っていて、デザイン思考を組織に取り入れる方法を教えている。

この方法では、リーダーの「顧客」に相当するのは従業員や同僚だ。

「私の教え方は行動を起こすことを重視しています」とフェレルは語る。

「どうすれば自分の固定観念を捨てて、状況を新たな視点から見ることができるようになるだろう？　また、常に同じやり方を繰り返そうとする惰性から、どうやって抜け出せばいいのだろうか？　こうしたことを考えていきます」

惰性とは、なかなか抜け出せない非常に強い力だとフェレルは指摘する。

「組織の観点からすれば、何か新しいことをするのは現状に立ち向かっているとみなされます。そのため、流れに逆らって泳ごうとするのを邪魔する反対派が大勢出てきます。それまでずっと続いてきたやり方を、どうしても変えたくない理由はたくさんあります。たとえば個々にとっては、やり方を変えないほうがずっと楽だからです。つまり私たちは、自分がうまくできることをやりたいのです。どのように進展するかわかっている何かを止めることや、何が起きるのかわからないことに新たに挑戦するのは難しいものです。

それらを成し遂げるには、強い意志と周囲からのサポートが必要です」

企業は、自身がイノベーションを起こさなければならないとわかっている。

それでも多くの企業は、イノベーションを単に段階的な発展を義務づけることと解釈している。日々の業務からいったん離れて、それらを何のために行っているのかを自らに問いかけるという大胆な策に出ることはほとんどない。

「私たちはどんな行動を促したいのか？　問題を抱えている人の視点でその問題を見るにはどうすればいいのか？

私は教えるなかで、受講者がいったん立ち止まって『これは誰のためにやっていることなのか？　それらの人々とどのように関われば、彼らが今必要としているものを提供できるのか？』と、自問自答できる機会をつくるようにしています」

デザイン思考は従来、製品やサービスに対して用いられてきた手法だ。まずアイデアを出し、次に市場で繰り返しテストをして、顧客重視の姿勢を大切にしながら市場とともに製品やサービスをつくりあげる。

フェレルの専門は、製品デザインではなく、組織デザインだ。

ただし、この2つの手法は、根本的には同じものだ。

「組織デザインとは、組織の進化を促進するためのものです」とフェレルは説明する。「組織内で創造性を養うにはどうすればいいのでしょうか？　私たちはまずデザイン思考の基礎を教え、次に組織の内側に目を向けて『ここまで学んだことを、組織のリーダーとしてどう活用すればいいでしょうか？　この場合、あなたは誰のためにデザインするのか、それはあなたの従業員のためではないでしょうか？』と尋ねます」

またフェレルは、リーダーたちに対して、従業員のニーズを名詞（例：「電子メール」）ではなく動詞（例：「コミュニケーションする」）で捉えるよう助言している。

「私は自分が取り組んでいることを見つめ、『これは何のために行っているんだろう?』と自身に問いかけます。その問題に名詞で答え、それがありきたりな答えだとしたら、緩やかな発展しか見込めない解決策に行き着くことになりかねません」

有名な話だが、自動車王ヘンリー・フォードは、人々のニーズを「もっと速い馬」ではなく「もっと速く移動すること」と捉え、馬を使わなくてももっと速く移動できる手段があるなら、人々が馬にこだわらないことに気づいていた。

自身のキャリアのなかでも似たような例がないか尋ねたところ、フェレルは次のように語った。

「『ワシントン・ポスト』で働いていた当時、紙面デザインのリニューアルを指示されました。そうして、10カ月間のリニューアル・プロジェクトを経て、紙面デザインは多少よくなりました。

このプロジェクトで掲げられた目標は『ワシントンのためになるワシントンについての新聞』でした。しかし、もし『紙面デザインのリニューアルに10カ月かける代わりに、人々と彼らが気にかけている身近(ローカル)な問題との橋渡しになるという新聞本来の役割を果たすことに、この10カ月を活用する』という目標を掲げていたら、ソーシャルメディア・プラットフォームの企画ができていたかもしれません。あの頃、フェイスブックはまだできたばかりで、私たちも同じようなサービスをつくりだせていたかもしれません。

『ローカル』とは、地理的な近さよりも、ネットワークによるつながりという意味合いのほうが強い、という結論に達していたかもしれません。テクノロジーによってすっかり変わった新聞業界に、かつてジャーナリストとして関わっていた私がのちに悟ったのは、シリコンバレーの人々があの当時の私たちより賢かったわけではなく、彼らは私たちとは異なる問いを立てて、答えを見つけようとしていたということです」

こうした答えを見つけるためのアイデア出しは、「互いのアイデアをいったんそのまま受け入れる」というルールにもとづいて行われるべきだ。

フェレルは、企業に対して「ブレインストーミングの罠」とでも呼ぶべき、このやり方に陥らないよう忠告している。初めて出されたアイデアがいいかどうかをすぐに検討するのは、生まれたばかりのアイデアを亡きものにしかねない。

「アイデア出しと、出されたアイデアの評価を同時に行うのは、アイデア創出の最大の敵だといっても過言ではないと、みなわかっているはずです。

たとえば『あえて反論すると』や『それはどれくらいコストがかかるだろう?』などと言ったらどうなるでしょう……。

そのため、私たちはアイデア出しと、アイデア評価の場を意図的に分けています。それは、出されるアイデアはどれもすばらしいはずだと思っているから、ということではありません。出されたアイデアの大半がそうでないことは承知しています。ただ、出てくるアイデアがどれもすばらしいものである必要はありません。すばらしいアイデアがほんのいくつか出てくれば、それで十分です。そして、すばらしいアイデアを手に入れる最良の方法は、アイデアをたくさん出すことなのです」

組織が「これは何のために行っているんだろう?」と自身に問いかけたときに、答えが見つからないことが多い場合はどうすればいいのだろう?

「何のために行っているのかを、もはやはっきりと答えられないのなら、その業務をすっぱりと止めてしまうことを真剣に検討すべきです」とフェレルは指摘する。

「ほかの組織でも同じかもしれませんが、私が『ワシントン・ポスト』にいた当時に気づいたのは、『通常業務以外のことを、そんなに多くこなせる時間はない。今後の見通しを探る時間もない。今やらなければならないあれこれに対応するのに精一杯なんだから』とみなが思うようになってしまうことです。

そんなわけで、『ワシントン・ポスト』時代の私は『ほら、私たちはジャーナリストなんだから、自分たちが何をするかは、自分たちの権限で決めていいはずじゃないかな？　だって、記事はいつも自分たちの権限で編集しているじゃないか！』とよく声をかけていました」

「これは、ほかの組織においても同じことがいえます。日々の業務としてあなたがやらなければならないことは、あなた自身、あるいはともに仕事をしている人々によってつくりだされたものです。

つまり、私たち自身の判断によって生み出されたものなのです。私たちは回し車に囚われているのではありません。その回し車をつくりだしたのは私たちなんですから……。そして、その回し車をつくりだしたのが私たちならば、私たちは新たな回し車をつくることもできるはずです。または、そこから抜け出すことも」

組織は人でできているため、そのなかにいる人々が強くなければ強くなれない。

そのため、フェレルは組織の人々に力を与えられるような「エンパワーメントのマインドセット」を、組織のリーダーである受講者たちに身につけさせる。

「デイヴィッド・ケリーは『自己効力感とは、自分がやろうと決めたことは達成できるという信念だ』とよく話していました。『創造的自己効力感』とは、自分がこれまでとはまったく違うやり方でやろうと決めたことは達成できるという信念です。自分が今やっていることを見つめて『おお、これは別のやり方でできる』と考えるのは、とても重要な出発点だと思います。自分には創造性がある、自分にはあの創造的自己効力感があると信じられるようになったとたん、この世界は自分の手で変えられると思えるようになります」とフェレルは語った。

それでも自身の講義においてさえ、少なくとも受講者とのやりとりが本格的に始まるまでは、「自分は創造的だ」と思っている受講者は大抵の場合、半数以下だとフェレルは指摘する。

話題が社会についての議論にずれてしまうことは承知のうえで、現実において機会は平等に与えられているか、そしてそう感じられるかどうかを彼に尋ねてみた。

どんな人も、自分が乗っている回し車を変えられる、あるいはそこから抜け出せるのだろうか？

「私は誰にでも機会が平等に与えられていると言っているわけではありません」とフェレルは答えた。プライベートでも社会正義実現の取り組みに大きく貢献しているフェレルは、リソースが平等に与えられていない人が大勢いることを肌で感じている。

「私はデュークCE関連の仕事で、世界中のさまざまな場所、時には人々に機会が平等に与えられていない場所も訪れています」

それでも、個人も企業も来るべき事態に備えて、自身を変えられるとフェレルは言う。

「組織は自身の将来を自らの手でつくりだせます。大事なのは、彼らにそう伝えつづけること、そして実現のために必要な余裕とツールを与えることです」

☆2　**ベン・ウォーカー**
『Dialogue』編集委員
（『Dialogue』２０１９年Ｑ４）

第7章

社会と企業の目標を整合させる戦略

新たなスプートニク・モーメントの到来

シャロン・ベレンゾン★3

分断された世界では、
社会のニーズに応えるために
民間リソースの動員が不可欠である。
その中心的な役割を果たすのは、
政府の戦略だ

1957年10月、ソ連はバイコヌール宇宙基地で、世界初の人工衛星「スプートニク1号」の打ち上げに成功した。

この結果は、とてつもない影響をもたらした。アメリカ政府はわずか数カ月のうちにアメリカ航空宇宙局（NASA）を設立し、宇宙開発競争は激しさを増していった。


今日の社会では、世界の分断と、技術的優位性を巡る競争が再び近づいてきている。人工知能やロボット工学といったテクノロジーの急速な進歩に世界が注目するなか、アメリカは新たな「スプートニク・モーメント」に直面する可能性がある。

今回の相手は中国だ。最も差し迫った技術的な難題に対処するために、民主主義社会が営利目的の企業に頼ってもいいのかという問題が、再び大きな意味を帯びてきた。

それに答えるには、企業がイノベーションに投資する動機、研究開発（R&D）の促進における政府の役割、技術的な難題に挑戦するのはどのようなタイプの企業なのかを、理解しなければならない。

高度に分業化された
イノベーション・エコシステムの強みと弱点

ここ数十年間で、アメリカの企業はほかの目標よりも、株主価値の最大化をますます優先させるようになった。

標準的な経済理論によると、この方針は企業自体と社会全体の双方にとってプラスになる状況をつくりだして、両者に恩恵をもたらすという。

民間企業は利益を最大化しようと努めるなかで、当然ながら、より一層の効率化を目指す。この傾向はとりわけイノベーションの分野に顕著に現れていて、より高度に分業化された流れに沿って、革新的な課題に取り組むという仕組みが登場した。

きわめて高度に分業化されたイノベーション・エコシステムは、社会の難題を解決する手法として効果を発揮する場合もある。

なかでも卓越した事例は、新型コロナウイルス感染症用のｍＲＮＡワクチンの開発だ。この取り組みでは多種多様な企業や機関がそれぞれ必須の役割を受け持ち、こうしたシステムの可能性を明確に示した。

基礎研究は、政府の資金援助を受けた大学の研究者たちによって行われ、次にビオンテックやモデルナといったスタートアップ企業が、このテクノロジーの進歩に多大な貢献をした。

そして大手製薬会社、とりわけファイザーが、ワクチンの試験、製造、供給を引き受けた。ファイザーとそのパートナー社のビオンテックは、社内でワクチンを開発した。一方、モデルナは「ワープ・スピード作戦」のもと、政府と大規模な研究開発契約を結ぶことで恩恵を得た。

革新的な仕事の役割分担は、アメリカのイノベーション・エコシステムの基本的な強みだが、大きな問題点もある。

たとえば、システムにおける上流のR&Dと下流の製造工程を結びつけることと、それによって生じうる正の外部性についての検討が行われない可能性がある（調整に関する問題）。

あるいは、解決すれば社会的な利益は大きいが、民間企業の利益はそうではない難題に取り組むのも問題になりうる（誘因に関する問題）。

歴史的に見ると、アメリカの企業で行われた研究は社会に多大な恩恵をもたらしてきたが、当の企業はこれらのプロジェクトがもたらした価値を獲得できない場合が多かったのだ。

その代表例ともいえるのは、ゼロックスのパロアルト研究所（ＰＡＲＣ）の事例だ。同研究所は、コンピューター開発研究でグラフィカル・ユーザー・インターフェース（ＧＵＩ）革命を起こしたにもかかわらず、この技術は親会社にとってきわめて少ない収益しか生み出せなかった。

また、同研究所が開発したコンピューター「アルト」は商業的には失敗作だったが、その後アップル社やマイクロソフトがこの技術を基準として最大限に活用し、大きな成果をあげた。

この原因の1つは、「専有可能性」の条件が弱かったことによる。

これは、企業がイノベーションを通じて自らつくりだした付加価値をどの程度確保できるかに影響を及ぼす「法的」「技術的」「制度的」な要因で、知的財産権もその1つだ。

たとえば、当時はコンピューター・ソフトウエアの特許を取るのは難しかったため、ゼロックスのＰＡＲＣから波及した技術の大半は、他社に取り入れられた。

ゼロックスのＰＡＲＣの事例は、きわめて高度に分業化されたイノベーション・エコシステムの重大な脆弱性を明確に示している。

つまり、専有可能性の条件の悪さが原因で、自社が適切な利益が確保できないのであれば、企業は社会に多大な恩恵をもたらすプロジェクトへの投資をためらうかもしれないということだ。

この問題は、多角化された大企業から成るイノベーション・エコシステムでは、さほど大きくならない。これらの企業のほうが、大きな社会的価値を生み出す投資から十分な利益を得る術に長けているからだ。

民間企業の目標と社会の目標との隔たりを埋める

通常、企業の目標は、気候変動への対処や国防の強化といった、社会のより広範な目標とは密接に関わっていないものだ。そのため政府は、社会のより広範なニーズに応えるために、民間企業のリソースを円滑に動員する役割を担っている。

政府は、基礎研究の資金提供者であり、革新的な製品の買い手でもある自身の立場をうまく利用すれば、動員されたリソースは世界および国内の重要な分野に投入されると保証することで、民間企業の利益追求と社会の目標との隔たりを埋められる。

歴史を通じてアメリカ連邦政府は、同国におけるイノベーションの源泉および初期投資家として、きわめて重要な役割を果たしてきた。

そうした活動は主に国防高等研究計画局（ＤＡＲＰＡ）をはじめとする政府機関や、マサチューセッツ工科大学（ＭＩＴ）に置かれていた放射線研究所などの国立研究所を通じて行われてきた。

たとえばＤＡＲＰＡは、精密誘導兵器やステルス機などの軍事テクノロジーの開発に貢献しただけでなく、インターネット、自動音声認識、機械翻訳、全地球測位システム（ＧＰＳ）といった民間のイノベーションの発展にも貢献してきた。

政府は、Ｒ＆Ｄ投資がもたらす民間企業と社会への恩恵の隔たりを埋めるために、大きく分けて「プッシュ型」と「プル型」という2種類のイノベーション政策を実施している。

プッシュ型政策は、研究助成金によるＲ＆Ｄインプットへの財政支援をともなうものだ。一方、プル型政策の大半は、政府が民間のＲ＆Ｄ投資を刺激する、または引き寄せるという目的で、Ｒ＆Ｄアウトプット（革新的な製品）を調達することに関連している。

２０２１年、アメリカ連邦政府は、Ｒ＆Ｄに１７９５億ドルを割り当てたが、その

3倍以上（5930億ドル）の金額を製品やサービス（R&Dサービスは除く）の購入に充てていた。場合によっては、プッシュ型とプル型の政策実施を連動させることもある。

それはたとえば、R&D契約の内容を実現した企業には、下流での調達契約を約束するといったものだ。

この手法は、「アルテミス計画」の一部として、宇宙飛行士を月面に着陸させる有人着陸システム（HLS）開発に向けたイノベーションを奨励するために、NASAが近年とった策だ。

2019年、NASAは、HLSの開発を開始するにあたって、総額10億ドルのR&D契約を「ブルーオリジン」「ダイナティクス」「スペースX」の3社に発注した。

2021年、NASAは、プロジェクトの継続のために、29億ドルのR&D継続契約をスペースXにのみ発注した。

その後、ブルーオリジンは、同社が資金提供するR&Dに最大20億ドル投資すると申し出た。その目的は、政府に将来の宇宙輸送サービスを提供するための競争力を維持することにあった。

この事例は、企業がR&Dに投資する動機としての将来の政府需要の威力の強さと、民間企業のリソースを社会の難題解決のために動員する際のプル型政策の重要性を表している。

技術的恩恵と経済的恩恵のどちらを優先するか

プロジェクトへの資金提供と、イノベーション集約的製品の調達についての戦略的な選択を行う際、政府は「ライバル国に対する技術的優位性を確保する」「社会と経済の発展を促進する」という「二重の目標」を追求している。

これらの目標は、相互に関連し合っているが、もたらされる結果ははっきりと異なっている。技術的優位性の確立は、国防においてきわめて重要だが、それによって経済的恩恵や世界競争力が必ずしも保証されるわけではない。

一方、高度な経済成長が実現しても、それによって国防や地政学的影響力に必要な先端技術が必ずしも生み出されるわけではない。

政府がどちらの目標に、より重点を置くかは、地政学的な状況変化に応じて、経時的に変わっていく。

前述のスプートニク・ショックは、まさにその最大の事例だ。

当時は、何としても技術的優位性を確保するという目標が最優先された。

近年では、経済的な恩恵をもたらすための策が優先されてきた。

それが特に明白だったのは、冷戦が終わって国防費の削減分を「平和の配当」としてほかの目的に充てるという議論で、国の競争力が問題となったときだ。

とりわけ、半導体といったきわめて重要な産業部門での日本との比較において、国の競争力問題はアメリカの政策立案で重要な位置を占めた。

政府は、コスト削減、調達における効率性と透明性の向上、民生用・軍事用両方に使える（デュアルユース）テクノロジーの開発、「商用オフザシェルフ」つまり特注ではなく既製品の購入、調達手順での「完全公開競争」の導入を優先した。

ただし今日では、アメリカと中国の地政学的な緊張が高まっていることから、技術的優位性を優先させる方針に戻る可能性がある。

それでも、政府だけで社会の技術的な難題を解決することはできない。

とりわけアメリカのイノベーション・エコシステムは、民間投資に大いに依存しているため、政府は民間部門からリソースと創意工夫能力を引き寄せる手段を見つけなければならない。

アメリカ国立科学財団が収集したデータによると、R&Dへの資金提供の連邦政府と民間企業の比率は、1950年代は2対1だったのに対して、2019年は1対4と大幅に逆転している。

もし企業が株主価値の最大化をまさに何よりも優先させるのであれば、政府は社会の具体的なニーズに応えるために、必要な民間リソースをどうやって引き寄せればいいのだろう？　また、政府が二重の目標を追求することに積極的に協力してくれるのは、どんなタイプの企業や株主なのだろうか？

政府が民間リソースを引き寄せるには

デューク大学のラリサ・チョッカとエリア・フェラキュティとともに進めている研究で、私たちはそれらの質問に答えようとしている。

国防といった社会のニーズに応えるために必要な民間リソースを政府がいかにして引き寄せられるかを探ると同時に、政府がそれらの目標を達成するために積極的に協力してくれるのは、どんなタイプの企業や株主なのかを、特定しようと試みている。

戦略が政府の目標と整合している企業、とりわけ防衛技術を専門にする企業やその関連部門の企業は、協力相手として理想的な候補といえる。

なぜなら、そうした企業は成長のチャンスや長期的な安定につながる契約・提携を政府と結ぶことに、強い関心があるからだ。

また、企業が積極的に政府に協力しようと決めるうえで、重要な役割を果たす株主もいる。

たとえば、長期的な価値創造を最優先にしていて、よりよい社会を実現するうえで、国防の重要性を認識している株主は、企業が政府の構想に参加することを支持する可能性が高い。

一部の機関投資家、社会的責任投資ファンド、国防と密接に関係のある産業に興味がある裕福な個人投資家などが、そのタイプに該当する。

私たちの研究では、企業の私的価値を政府に対する国防での協力度にもとづいて推定している。その際、株価は企業の将来的な収益性に対する市場予測を反映しているという考え方に則っている。

たとえば、R&D契約の獲得に対する市場の反応が好意的であれば、それは下流の実入りのよい継続契約によって将来政府から報酬が得られると、株主が期待していることを示している。

するとブルーオリジンの事例のように、企業は、政府の技術的目標の追求に自社のリソースをさらに割り当てようという気になる。

私たちが分析した企業は、1984年4月から2015年9月の間に、公表義務のあるR&D契約をアメリカ国防総省から得たアメリカの上場企業198社だ。

これには、企業の受注情報も1万2664件入っている。

たとえばある日付において、某企業はR&D契約を2件（少なくとも1件はアメリカ国防総省から得たもの）と、下流の調達契約を3件得ている。

これらの契約による主な収益は、R&D契約が4300万ドル、下流の調達契約が9600万ドルの計1億3900万ドルで、総収益見通し（政府が将来行使できる選択権も含む）は、さらに増えて1億6800万ドルになる。

こうしたR&D契約に関連した私的価値は著しく高く、平均するとR&D契約による総収益見通しの19倍になった。

これらの価値は、データ分布の右端において急騰する。

分布の5パーセンタイルでの経済価値は、総収益見通しのわずか13パーセントだったが、95パーセンタイルでは7951パーセントという驚くべき数値にまで跳ね上がった。

この結果から読み取れるのは、政府に国防で協力する企業のなかで、一部の選ばれた企業だけは、私的価値が大幅に高くなると市場が見ているという点だ。

ここで重要な疑問が2つ生じる。

1つめは「そうした選ばれた少数の企業の特徴とはどういうものか?」だ。それがわかれば、民間部門が国防に関連した技術的な難題に対処するために割り当ててくれそうなリソースが、どこにあるのかが明らかになる。

2つめの疑問は「気候変動といった社会におけるほかの差し迫った難題の解決に企業が協力することで、その企業の私的価値がどの程度高くなると市場は見ているのだろうか?」だ。

予想していたとおり、政府への国防での協力度にもとづいて推定した企業の私的価値は、業界や企業の種類によって異なっていた。

それぞれの分布の95パーセンタイルでは、たとえば消費財産業の企業の経済価値は総収益見通しの30倍で、ハイテク産業では57倍、製造業では87倍だった。

また、主に民間市場を対象にしている企業がアメリカ国防総省とのR&D契約で得る私的価値は、防衛関連企業のものより低いことを示している。

要は、戦略が国防の利益と整合している企業のほうが、国防関連のR&Dへの政府の投資で、より大きな恩恵を受けるということだ。

株主価値の最大化を追求する企業が大半を占める今日の状況において、国防や気候変動といった社会の難題に対処するための民間リソース動員に必要な動機を生み出すうえで、政府が果たすべき役割はきわめて重要だ。

政府は、どんなタイプの企業や株主が積極的に協力するのかを明確に把握して、適切な戦略を遂行すれば、目標達成のための構想に参加するよう民間企業をうまく促せるはずだ。

逆に、政府のプッシュ型とプル型の政策に組み込まれた社会の目標に、自社の目標を整合させた戦略を有する企業は、それによって大きな恩恵を受けられるだろう。

協調的な取り組みによって、企業の利益と社会の幸福を同時に追求できるようになる。その結果、民間部門も国民も互いに恩恵に浴すことができる。

☆3　**シャロン・ベレンゾン**
デューク大学フクア経営大学院のファンダシオン・ダム卓越教授で、専門は経営管理学
（『Dialogue』２０２３年Ｑ３）

第8章

ESGとデジタル変革の融合

ESG活動のデジタル基盤の構築

ライアン・マクマナス☆4

より持続可能な方法で
ビジネスを行うための土台づくりは、
「環境・社会・企業統治（ESG）」の活動と
デジタル変革を融合させることだ

ステークホルダーたちにとって、企業の財務的価値は、もはや唯一の関心事ではなくなっている。今日、彼らは、企業のさまざまな価値観も同じくらい重視している。企業のパーパスは重点事項となった。しかも、社会や環境を取り巻く情勢が急速に変化している今日において、組織は誤った臆測を立てて後れを取るわけにはいかない。

ESG投資（テーマ型ファンド、社内の事業やスタートアップへの投資も含む）は、かつてないほど脚光を浴びている。

だが、そうした人気によって、状況が複雑になったり反発が起きたりもする。ESGを取り巻く騒音は、あまりに大きくなりすぎて、耳をつんざかんばかりだ。

幸い、適切なリーダーシップとマインドセットがあれば、組織は困難を切り抜けることができる。なかでも特に重要なのは、ESG戦略とデジタル変革戦略を融合させて、ESGのデジタル基盤を築く方法を理解することだ。

その結果、ESG関連の目標達成と財務実績の向上を同時に実現できる。

持続可能性戦略を持続可能にする

持続可能性は避けて通れない問題だ。L・E・Kコンサルティングの「2022年度持続可能性に関する消費者調査」によると、半数以上の消費者が「これまで以上に持続可能な製品を購入したい」と答えている。

今日では、大手の公開会社の多くが、年次報告書とともにESG報告書を公表している。

またアメリカでは、証券取引委員会（SEC）が公開会社に対して、一定レベルのESG情報の開示をもうすぐ義務づける可能性もある。

なお、欧州銀行監督局（EBA）は2021年末、欧州連合（EU）のトップ150の銀行に対して、ESGに関する「重要達成度指標（KPI）」の公表を2024年から義務づけると発表した。

これらの持続可能性指標には、各銀行において「グリーン」な資産が総資産に占める割合を示す「グリーン資産比率（GAR）」、各銀行の活動がEUの気候変動目標にどれくらい貢献しているか（取引先のビジネスがどれくらい「気候にやさしい」のかも含めて）を測定する「銀行勘定タクソノミー適合率（BTAR）」などがある。

この報告の義務化は、銀行だけでなく、EU内で事業を展開している他業種の企業にとっても、さらなるプレッシャーになる。

こうした規則の制定も一因となって、ＥＳＧコンプライアンスの遵守がますます強く求められている。

２０２５年には、運用資産残高１４０・５兆ドルの３分の１以上をＥＳＧ投資が占めると、ブルームバーグ・インテリジェンスが予測している。

そのようななか、ブラックロック、バンガード、フィデリティといった大手資産運用会社も、ＥＳＧコンプライアンスに関する要求を高めていることから、ＥＳＧコンプライアンス遵守の重要性がますます大きくなっている。

さらに、「ネットゼロ・トラッカー」といった非営利組織によって、企業のＥＳＧ関連の実績を明確にするのに役立つ透明性が高められている。

だが、当然予想されていたことではあるが、格付け機関による評価の信頼性に疑問を抱いている一部の投資家、中小企業経営者は、ＥＳＧに反発していて、さらには一部の政治家や気候変動活動家も反発を抱いている。

こうした反発の原因の１つは、純粋に経済的なものだ。

「ネットゼロ（温室効果ガス排出量実質ゼロ）」を達成するための費用はあまりに莫大だ。マッキンゼーの試算によると、世界でこの目標を達成するためには、２０５０年までにおよそ２７５兆ドル、すなわち年間９・２兆ドルの投資が必要だという。

ちなみに、2021年の世界GDPは94兆ドルだ。次なる景気後退が迫っていると見られる今日において、目標達成のためのこの金額はきわめて大きく思える。

もう1つの原因は単に、反発すればメディアで大きく扱われるからだ。「社会的不公正に対する意識が高い」と自称する投資家に、疑問を呈する政治家もいる。

あるいは、気候変動活動家たちは、企業やファンドが「グリーンウォッシュ」、すなわち環境配慮への実績を宣伝しながらも、実際はさほどの効果をもたらしていない「見せかけの環境活動」しか行っていないと批判している。

ちにみにインフルエンスマップの分析によると、ESGファンドの71パーセントは、パリ協定の目標達成のために定められた基準に達していない。

こうした要因が合わさって、ESGを取り巻く騒音はかなりのものになっている。

そのようななかで、企業はどのようにして前進すべきだろうか？

最も明確な方法は、周囲の騒音を打ち消してしまえるようなかたちで、持続可能性戦略を企業の成長と業績にしっかりと結びつけることだ。

それはつまり、コンプライアンスの遵守だけでなく、業績の向上にもつながるようなESG戦略の遂行だ。

「持続可能性を持続可能にするにはどうすればいいか？」の問いに答えるためのカギは、組織の「ESG戦略」と「デジタル変革」を融合させることである。

その利点は明確だ。

たとえばジャストキャピタルの調査によると、「最も公正な企業」100社は、再生可能エネルギーを同業他社よりも19・8パーセント多く利用している。

またこの100社は、同業他社に比べて、「賃金差異分析報告書」を公表する傾向が6・8倍高い。

しかも、アメリカでの雇用創出数は7・8倍で、自己資本利益率は4・4パーセント高く、配当金を19・2パーセント多く支払っている。

さらにこの大規模な調査によると、よい統治、多様性、環境コンプライアンス、気候変動計画を重視する企業は財務実績も伸ばしていることに、投資家たちは気づいている。

デジタル革命を並行させる

こうした複雑な状況に対処するための有効な策の1つは、新たなテクノロジーを活用して、ビジネスモデルやオペレーティングモデルの重要な改善を行うことで、デジタル変革戦略をESG戦略と融合させる方法だ。

今日では、オペレーティングモデルのほぼどんな面においても、ESGによるメリットを実現するデジタル・テクノロジーを取り入れることができる。

組織が、自身の最新のESGスコアを把握するには、高度なデータ収集分析能力が必要だ。また、ESGパフォーマンスの向上につながる業務改善を行うために、デジタルソリューションや新たなテクノロジーも必要になる。

さらには、透明性と追跡可能性（トレーサビリティ）の実現や、目標達成への進捗状況報告のための「データ・ドリブン・レポート作成ソリューション」も導入しなければならないだろう。

ノーテック・システムズ最高経営責任者（CEO）のジェイ・D・ミラーも「データ、デジタル・テクノロジー、そして持続可能性は密接に関連していて、きわめて相性がいいのです」と指摘している。

モノのインターネット（IoT）、人工知能（AI）といった確立されたテクノロジー、そして急速に成長している気候テック分野は、企業におけるバリューチェーンや業務の最適化、自動化、改善を推進し、リソースの消費を減らす。

これらのテクノロジーは、持続可能性の構想を進めるためにすぐに活用できるし、そうすべきだ。

こうした活動ですでに定評のある世界中の企業や機関が、次々と道筋を示している。たとえばメキシコ財務省は、1億ドル以上に相当するESG債の透明性の高いデータを提供するために、ブロックチェーンを利用している。

そうしたデータには、資金の受領者、プロジェクトの概要、このESG債によってもたらされる利益目標と実績に関するものも含まれている。

また、水処理事業を行う企業エコラボは、同社が「eROI」と名づけた一連の測定データを顧客に提供している。

これは具体的には、同社のテクノロジー・ソリューションによって顧客企業の「環境、業績の向上」「業務の効率化」「持続可能性に及ぼす影響を最小限に抑えること」が、どの程度実現できたかを数値で示すものだ。

さらに製造業界では、かつて使っていた材料よりももっと持続可能なものに変更するという動きもある。

この傾向についてミラーは次のように説明している。

「企業は、より高性能で、軽く、低コストで、カーボンフットプリントがより小さな製品を求めています。それを実現すると同時に、炭素集約度が以前の何万分の1に抑えられる材料によって高度なデータ接続を提供できることは、きわめて有益です」

ノースウェスタン・エナジーと、アトリス・モーター・ビークルズ（多種多様な業界での化石燃料からの移行を促進するための新たなバッテリー技術開発を行う企業）で理事を務めるブリット・エイドは、「デジタル・テクノロジー」と「ESG」の融合は戦略策定の基本だと指摘している。

「変化、イノベーション、破壊（ディスラプション）、そしてESGは、どれもテクノロジーを土台としています。リーダーたちは『次は何が起きるのか？』と、常に問いかけなければなりません」

優れた人材が育つという効果もある

ESGに対するデジタル・ソリューションの活用は、従業員エンゲージメントの促進という、おそらく予想外のさらなるメリットをもたらす。

ジャン・ワルストロムは、「ジェイコブズ」の世界気候変動対応&ESG部門担当上級副社長で、全社的リスク管理部門のトップも務めている。

「より賢く、より強く結びついた、より持続可能な世界にする」という使命を掲げるジェイコブズは、ダウ・ジョーンズ・サステナビリティ・ワールド・インデックスの構成銘柄にも選ばれている。

ワルストロムは、ジェイコブズがいかにしてESGとデジタル・テクノロジーを交わらせてビジネスを推進しているかについて語っている。

たとえば、「道路渋滞の緩和」「走行中充電システムの開発」「世界最多のバスを保有するバス会社の車両をすべて電化」「センサー、組み込みシステム、リアルタイムデータを用いて水道施設の作業員によるシステム操作や薬品の使用を最適化」「洪水に見舞われた地域社会のコスト削減」といったプロジェクトで、同社はデジタル・テクノロジーを活用してきた。

「『このシステムはどのように稼働すべきものか』『実際どのように稼働しているか』『どこを改善すればよりうまく稼働するか』ということについての、工学的観点にもとづいた洞察が十分にあると、驚くべきことが実現できます。ただし、それはテクノロジーがあるからこそ、実現できるものです」とワルストロムは指摘する。

彼女はさらに、「デジタル・テクノロジー」と「人材」の交わりは、重要で欠かせないものだとも指摘している。

「自分に任された仕事と、それが世界に影響をもたらすことがどのようにしてつながっているのかを、従業員たちが把握できるようにします。そうしたつながりを把握するために、データは必要不可欠です。人は、データが与えてくれる洞察によって、瞬時に影響をもたらすことができるのです」

ただし、これは比較的最近の手法だそうだ。

「洞察が得られるデータがここまで手に入れやすくなったのは、それほど昔のことではありません」

しかもその時期は、若手の従業員が変化を求めはじめた頃と偶然にも一致した。

「若い世代は、より迅速な対応を私たちに求めてきます」とワルストロムは語った。

テクノロジーを活用したさまざまな解決策が世の中にはすでに存在しているなかで、組織はどんな第一歩を踏み出せばいいのだろうか？

まずはマインドセットからだ。

マインドセットを変える

「今日の人々が経験しているマインドセットの変化は、世界がエネルギー転換を通じて経験している変化と同じくらい驚くべきものです」と先のワルストロムは指摘する。世界中のリーダーたちが、この新たなマインドセットを自身の組織に根づかせるという課題に直面しているが、すでに根づいているマインドセットを新たなものに変えるというこの試みを、決して甘く見てはならない。

マインドセットの変化のペースがきわめて速い場合もあると、ワルストロムは補足する。

「人々はこうした新たな機会の最前線に立つために、ほんの数年間または数カ月間で、過去に学んだことを捨て去って学び直さなければならないこともあります」

こうしたマインドセットの変化を成功させるために、リーダーたちが取り入れるべき行動は次の4つだ。

1 マインドセットのビジョンを示す

まず、デジタル変革とESGを、組織の中核となる戦略と融合させる大胆なビジョンを示す必要がある。

このビジョンは、バリューチェーン全体がもたらす影響を考慮して、「スコープ2」と「スコープ3」の二酸化炭素排出量（前者は会社が間接的に責任を負う排出、後者はサプライヤーや顧客が会社の製品を使ったことで生じる排出）も含めた、社内の壁を越えた全社的なものであるべきだ。

先のブリット・エイドはこの戦略的な挑戦を、顧客が今求めている製品性能に、今後必要な新たな性能を融合させることと捉えている。

「これは本質的には、さまざまな考えを受け入れるということです。最も大事なのは、柔軟な思考を持つことです。ほかのリーダーたちは、世の中で次に何が起きると考えているでしょうか？　ほかの業界からどんなことが学べるでしょうか？」

また、こうした新たなテクノロジーの能力も、リーダーたちが自身のビジネスモデルやソリューションを再考するきっかけになる。

「私たちはイチからやり直すことだってできるのです」とエイドは言う。

組織が、ＥＳＧを財務実績と結びつけて連携させるための策の1つは、財務実績の数字の責任を担っている役員に、ＥＳＧ関連の責任も割り当てることだ。

2　投資して結果を明確にする

次は、新たな包括的テクノロジー・ソリューションに投資し、このソリューションがＥＳＧ関連の目標達成と財務実績の向上を、いかに同時に実現できるかを周囲に明確にすることだ。

3　共通理解を持たせる

さらに、取締役会や経営陣から、新入社員、サプライヤー、投資家にいたる会社のすべての関係各所において、「テクノロジー」「ESG」「財務実績」の関係についての共通理解が持てるようにする。

たとえば、ノーテックはESGに関する取り組みを、顧客とサプライヤーの両者と協力して行っている。

「スコープ3排出量の開示を通じて、ESGに関するプラスの影響を広くもたらせるよう努力しています。この件について他社と積極的に協力し合えるよう取り組んでいます」とCEOのジェイ・D・ミラーは語っている。

4　高い透明性をもって進捗状況を報告する

最後に、成功した点、目標と実績が乖離《かいり》している点、目標達成に向けての進捗状況などを定期的に伝えるようにする。

ジェイコブズは250項目以上のESG指標を追跡、公表している。ワルストロムはそれらの指標について「非常に密度の濃い情報で、追跡には高度なデータ収集とデジタル化のテクノロジーが必要」と説明している。

またエイドは、新入社員の従業員エンゲージメントが高まるような配慮が、入社直後から必要だと指摘する。

「私たちがなぜデジタル変革、ESG、そして両者のつながりについて考えているのかを、新入社員たちに理解してもらわなければなりません。この会社でのそうした取り組みを説明して彼らに貢献するよう求めるのは、きわめて大きなチャンスにつながるからです」

ESGとデジタル変革は、組織の戦略の中核となるものだ。

リーダーは、大胆なビジョンを示し、新たなデジタル・テクノロジーの可能性を探り、そして新たなマインドセットを生み出すことで、財務とESGの両パフォーマンスを急速に向上させると同時に、会社としてより大きなパーパスを実現できる。

☆4 **ライアン・マクマナス**

テクトニックの創業者兼CEOで、デューク・コーポレート・エデュケーションの講師も務めている

（『Dialogue』 2023年Q1）

PART 3

Innovation

イノベーション

第9章

イケア効果の応用

自己中心性バイアスのビジネス活用

ダン・アリエリー[★1]

消費者は自分でつくりあげたものに
深い愛着を抱く。
賢明な企業は購入者が手を加えて完成させる
商品を販売している

消費者が商品を購入する動機の背景にある科学は、時として直感に反している。消費者は手間を省くために、あなた（商品を供給する側）にできるだけのことをやってほしいはずだと、あなたは思っているかもしれない。そう、あなたのほうで商品を生産して配送し、組み立て終えてから帰ってほしいはずだというように……。

だが、その考え方が間違っている場合が、実に多いのだ。

カスタマイズできることがいかに購買意欲を高めるかを理解するには、人間の心理の、より一層謎めいた部分に、一直線に飛び込んでいかなければならない。

私たち消費者は、あなたが思っているほど不精ではないときもある。

それどころか、かなりの汗や苦労さえ厭わないときもある。

ただし、それはあくまで「自分の『手づくり』」と呼んでいいものであればの話だ。

幼い子がいる大勢の父親たちが行っているであろう、平箱包装された組み立て式家具の大手量販店「イケア」に、私も数年前に初めて買い物に行った。目的は、子どもたちのおもちゃ箱になるような、引き出しつきのチェストだ。

子どもたちがいつも使うものは、あっという間に傷だらけになってしまうのがお約束だから、子ども用の家具に大金を出す気はなかった。

だが、購入した平箱包装式のイケア家具が、組み立てにあれほど膨大な時間と労力が必要だということは、まったくの予想外だった。

イケアが、地球上のありとあらゆる言語に対応しなくてすむようにしたと思われる図とイラストしかない組み立て説明書に、自分がどれほど面食らったかいまだに覚えている。

何もかもが、つじつまが合わないように思えた。種類ごとのネジの見分けもつかなければ、部品のいくつかは足りていないようだった。

イケアの家具を組み立てたことがある人ならわかってもらえると思うが、パーツをうっかり逆さまに組み立てて、ずっとあとになって間違いに気づいて目の前が真っ暗になるという事態が、いとも簡単に起きてしまうことを私も身をもって学んだ。

そうして、何段階か前の間違いを直すために、ここまでせっかく組み立てた作品を解体するという作業に、さらに多くの時間を費やすはめになった。

このチェストの組み立てが楽しかったとは、とてもいえない。

ところが、ようやく作業が完了すると、私のなかで不思議なことが起きた。

自分の仕事ぶりに対して、とてつもない満足感を覚えたのだ。

自宅には、もっと値段が高くてはるかに高級なつくりの家具がいくつもあるにもかかわらず、自分がそれらの家具よりも子どもたちのイケアのチェストを、より一層愛着を込めてしょっちゅう眺めていることに気づいた。

そういった意味では、私は典型的な不合理人間だ。

研究仲間のマイケル・ノートン教授（ハーバード大学経営大学院）、ダニエル・モシヨン教授（テュレーン大学経営大学院）とともに調べた結果、私がイケアの家具に対して抱いた感覚は、実は多くの人々に共通するものであり、しかもとても強力なものであることが判明した。

そうして、私たちはこの発見を「イケア効果」と命名した。

ケーキミックスのパラドックス

今日では、イケアが「商品を購入すること」と「自分でつくること」を結びつける場となっている。だが「自分で組み立てる」というコンセプトは、決して新しいものではない。

外に働きに出る女性がまだ少なかった1940年代当時、P・ダフ&サンズ（ダフ社）というアメリカのある企業が、焼き菓子の材料業界に一大革命を起こした。

そのイノベーションとは、箱入りのケーキミックスだった。

これを使えば主婦は毎回、卵、砂糖、小麦粉を量る代わりに、ミックスの粉に水を加えて混ぜるだけですむようになる。そして180℃のオーブンに30分入れておけば、ケーキが焼ける。

これはかつてないほど簡単で、時間節約にもなる画期的な商品だった。

だがそれゆえに、まったく売れなかったのだった。

どうやら、家庭でケーキを焼く主婦たちは、あまりに簡単につくれてしまうことが気に入らなかったようだ。

ダフ社のケーキミックスでつくるケーキは、十分に美味しかった。問題は、それをつくるための労力や複雑な手順が、まったく必要ないという点だったのだ。

ダフ社の調査の結果、主婦たちには「水を加えるだけのミックス」でつくるケーキと店で買うケーキとの差が、ベーキングシートほどの薄いものにしか感じられないことが明らかになった。

家でケーキを焼く主婦たちにとって、このケーキミックスでつくるケーキは「本物」ではなかった。少なくとも、自分の手でつくったものには思えなかった。

そこにかけられる手間や、発揮できる技があまりに少なすぎて、自分の手づくりだと自信をもって言うことなど到底できなかったのだ。

ではその後、ケーキミックスはどうなったのだろうか?

ダフ社は、コンセプトづくりに戻って再考した。そこで出た答えは直感に反していたが、発想は実に単純だった。要は、「ケーキづくりを難しくする」ということだ。生まれ変わった新しいケーキミックスでは、卵、油、牛乳が別途必要だったのだ。

この新製品は、すぐにヒットした。なぜなら、この新たなケーキミックスを使って焼いたケーキなら、主婦たちは「手づくり」だと堂々と言えるからだった(ほんのわずかな後ろめたさはあったかもしれないが……)。

この一件で、ダフ社(そして消費者行動学の学生たちも)は「人間は自分自身がつくったものや影響をもたらしたものに、より好ましい反応を示す」というきわめて貴重な教訓を手に入れた。労力をかけるということには、愛情を込めるという大事な意味も含まれているのだ。

折り紙の実験で判明した認知バイアス

イケア効果を深く探る一環として、マイケル、ダニエルと私は、ある実験のための被験者を募った。彼らに依頼したのは、折り紙で動物をつくることだ。

この作業に対しては、時給が支払われることになっていた。用意されていた色つきの折り紙と折り方の説明書を手にした被験者たちは早速、作業に入った。

本音をいえば、志願してくれた恐れ知らずの被験者たちがつくった折り紙のカエルや鶴は、何らかの賞を取れるレベルにはほど遠かった。被験者たちはみな折り紙の初心者で、経験のなさが作品によく表れていた。

作業が終わったとき、私たちのために集まってくれた被験者たちに、折り紙の動物を売りましょうと持ちかけ、そして「自分がつくったカエルや鶴を買って持ち帰ると想定したときに、いくらまでなら支払えるかを書いてください」と頼んだ。

今回の実験では、この折り紙の初心者たちを「作成者」と呼び、折り紙で動物を折ることに参加していなかった別のグループを「購入者」と呼んで区別していた。

そして私たちは、作成者がいないところで、購入者に作品を評価して値段をつけるよう求めた。

すると、作成者が自分でつくった折り紙の動物に対してつけた値段は、購入者がつけた値段の平均5倍だったことが判明した。これはまさにイケア効果だ。

私たちは、労力を注いだものに対して、より一層愛着を抱くのだ。

折り紙実験を次の段階に進めると、ますます興味深い反応が見られた。

第2段階では、折り紙の経験がない被験者グループを新たに募り、折り方の大事なポイントを削除した説明書を渡して作業を依頼した。

この説明書を見ながら折って動物を正しくつくるのは、不可能に近かった。できあがった作品は第1段階のものよりさらにひどかった。多くの被験者の折り紙作品は、できるはずだった動物とは似ても似つかない姿だった。

そして当然ながら、購入者たちはこれらのくしゃくしゃの作品に大した価値を見いだせなかった。そんなわけで、作成者たちが彼ら自身の作品につける値段も当然下がるはずだと予想された。

だが、実際には値段は上がった。またしても、作成者たちがイケア効果の影響を受けていることが確認された。より長い時間をかけて動物を折ったことが、自身の作品の値段をより高くつけることにつながったのだ。

自分たちの作品の出来がはなはだお粗末という事実は、彼らにとっては些細なことにすぎなかった。

私たちは、調査をここでは終わらせはしなかった。

私たちがさらに確認したかったのは、購入者に比べて作成者のほうが作品により一層愛着を抱いているという事実、つまりほかの人がこれらの作品を異なる視点から見ているという事実に、作成者本人たちが気づいているかどうかという点だった。

調べた結果、作成者たちは気づいていなかった。彼らは自分たちがつくったくしゃくしゃの紙の作品に、誰もが美を見いだすはずだと思っていたのだ。

これはまさに「自己中心性バイアス」だ。この認知バイアスの一種によって、幼い子どもたちは、自分が目を閉じればほかの人にも自分が見えていないと思い込む。どうやら大人たちも、このバイアスの影響を同じくらい強く受けているようだ。

アイデアも認知バイアスの要因になる

自分がつくったものに愛着を覚える対象は、目に見えるものに決してとどまらない。自分が思いついたアイデアに対しても、心が強く引かれてしまう。

それどころか目に見える作品よりも、アイデアのほうがさらに強い愛着の気持ちを生じさせることが立証されている。

ビビアン・リー、アレックス・ショーとクリスティーナ・オルソンが行った一連の興味深い実験では、まず4歳の子どもたちに工作の材料（紙製の図形が5つとボール状の綿が2つ。それらは糊でくっつけることができる）が2セットずつ渡された。

次にリー、ショーとオルソンの3名の実験者たちが、「この材料で写真撮影用の作品をつくるためのアイデアを考えて、組み立て方を私たちに教えてほしい」と子どもたちに説明した。

そして第2段階では、子どもたちと実験者の役割を入れ替えた。今度は、実験者が写真撮影用の作品のアイデアを出し、子どもたちがそれをかたちにした。

すべての作業が終わったあと、子どもたちは「自分がアイデアを思いついて、実験者がそれに従ってつくった作品」か、「実験者が思いついたアイデアに従って、自分がつくった作品」の好きなほうを選んで持ち帰っていいと言われた。

すると大半の子どもたちは、「自分がつくった作品」ではなく「自分がアイデアを思いついた作品」を選んだ。この結果は、自分が労力をかけたものよりも自分のアイデアによるものに、より大きな愛着を抱いていることを示している。

創造する消費者が示唆するビジネス機会

企業には、消費者の購買意欲と長期的な信頼を高めるための強力な原動力として、イケア効果の力を活用するという絶好のチャンスがある。

「どんな色でもご用意できます。黒でさえあれば」と客に告げた自動車王ヘンリー・フォードは、もし現代だったら成功しなかっただろう。

21世紀の客は、何もかもカスタマイズしたいからだ。今日の自動車メーカーは車体の色だけでなく、内装、カップホルダーの数、ホイールトリムまで購入者が選べるようにしている。

あのフォードの言葉を時代に合わせて言い換えると「どんな色をどんな箇所に使っていただいてもかまいません。その分の代金さえお支払いいただければ」となる。

スポーツシューズやアパレルの大手ナイキは、ユーザーが、シューズの本体、靴紐、ライニングの色をカスタマイズできるようにしている。

オンラインでオリジナル商品を注文できるザズルでは、購入者は、服やグリーティングカードを自分でつくったかのようにカスタマイズできる。

パッケージ旅行は、エアビーアンドビーの民泊仲介サービスに急速に取って代わられている。宿泊先を自分で選んで計画する旅行は、かつてないほど人気になっている。

そうして旅行者が自らの手で企画した旅行はどれも、ほかの誰のものとも違う自分だけの旅になる。

子ども用のお菓子といった日常的なものでさえ、この「カスタマイズ革命」とは無縁でいられない。チョコマイズでは、自分が考えたデザインの板チョコを注文できる。M&Mには、色つきチョコレートの好きな色だけを選んで注文できるサービスがある。ちなみにM&Mのチョコレートは、どの色もすべてまったく同じ味だ。

つまり、この事例は「カスタマイズできること」自体が、消費者が購入を決める理由としていかに大きな魅力であるかを示している。

ただし、現状を見て、カスタマイズはあくまでうわべだけのもので、本質的にはあまり意味がないと考えるのは間違っている。

もちろんM&Mのチョコレートで、黄色より赤色を選ぶのは、赤色が好きという単純な理由からかもしれない。だが、自分が食べるお菓子の中身を「自分で選んでつくった」ことで、より楽しく食べられる可能性が高い。

同様に、カスタマイズしたナイキのトレーニングシューズを履けば、ランニングがもっと楽しくなるはずだ。たとえ、そのシューズが同じタイプの色違いのものと性能のうえではまったく同じでも。

こうしたカスタマイズ革命は、企業にとって絶好のチャンスであると同時に、大きな脅威にもなりうる。

3Dプリンターの急速な進歩によって、消費者は、自分が欲しい製品を自身でデザインするだけでなく、自らの手でつくりだすことも近い将来可能になるだろう。

企業はこの流れをどのようにしてうまく活用すべきかを、慎重に考えなければならない。考えられる答えは、より優れた機材、設計プラン、基本モデルのキット、講習といった手段を通じて、消費者がより簡単に自身のアイデアをかたちにできるようなサービスを提供することだ。


こうした流れは過去にもあった。

1980年代にアメリカのホームデポ、イギリスのB&Qといった巨大ホームセンターが急速に拡大した頃だ。

自分の世界を自らの手でつくりあげたいという、今日の消費者たちと同じような思いを、当時の消費者たちも抱くようになっていた。

自分でつくったもの、自分で組み立てたものは、プロがつくった製品より劣っている場合がほとんどだが、私のイケアのチェストの例や、私たちの実験でカエルを折ってくれた折り紙の初心者たちの例のように、消費者は自分でつくったものだからこそ、それに対して大きな価値を見いだすのだ。

イケア効果を活用すれば、イケアだけでなく、ほかの多くの企業も成功を手にできるはずだ。

☆1　**ダン・アリエリー**
デューク大学のジェームズ・B・デューク記念講座教授で、専門は心理学と行動経済学
（『Dialogue』２０１７年Ｑ３）

第10章

生成ＡＩは変革のほんの入り口

生成ＡＩに過度に依存するリスクの認識

ササ・ペケック☆2

人工《A》知能《I》はまさに驚異的な進歩を遂げたが、
AIが持つバイアスとAIの限界に注意する必要がある。
そして、意味合いの微かな違いを読み取れる
人間の専門知識の価値を忘れてはならない

生成ＡＩツールに対する世間の関心は一気に高まった。

多くの人にとって、生成ＡＩツールは日常生活の一部になっている。

オープンＡＩが開発したチャットＧＰＴアプリはかつてないほど急速にユーザー数を伸ばしていると報じられていて、ティックトックといったほかの「バズった」アプリのユーザー数の増加スピードが遅く見えるほどだ。

情報を収集、統合して、求められるかたちどおりに表現するという、一連の円滑な流れで新たなコンテンツをアルゴリズム的につくりだす「生成ＡＩツールの誕生」によって、私たちは、デジタル変革というプロセスのまだほんの入り口に立っているにすぎないことを再認識させられた。

生成ＡＩは、企業や専門分野での取り組みだけでなく、社会全体の相互作用、人類全体にまで大きな影響をもたらすだろう。

生成ＡＩには、私たちの暮らしのさまざまな面を大きく向上させる可能性があるという見方は、世間に広く受け入れられている。

だが生成ＡＩには、人類に悪影響、それどころか壊滅的な影響を及ぼす恐れもあるため、大きな懸念も生じている。

歴史をさかのぼって比較すると、初期段階のＡＩ革命がもたらした懸念は、核技術の使用（または誤用）に関する懸念を連想させるほど重大だ。

ＡＩは、この世界にきわめて重大かつ長期的な影響を与えるとみなされているが、そうした影響がもたらされるのは、もはや遠い先のことでもなければ仮説でもない。かつてないほどの速さで生成ＡＩが取り入れられている現状を見れば、懸念すべき事態は、今日すでに起きていることがわかる。

リーダーたちは、これらの強力なツールを利用することで得られるチャンスと、直面しうるリスクの両方について、至急検討しなければならない。

生成ＡＩの導入と活用

第一に、企業は生成ＡＩといったアルゴリズムを用いたツールに、日常業務を任せられるようになる。

たとえば、顧客一人ひとりに合った提案を行うためのたたき台づくりに、ＡＩが利用されている。

アメリカ最大の中古車販売業者であるカーマックスは、車の売却希望者向けの査定や個別情報の作成に生成ＡＩを利用しているという。また、オープンＡＩの技術を利用して、各購入希望者の役に立ちそうなレビュー情報や、それぞれの希望に沿ったおすすめの車の情報も提供している。

オンライン不動産プラットフォーム企業ジロウは、修繕が必要な家を安く買って修繕後に高く売る「ハウスフリッピング」ビジネスの一環として、アルゴリズムを用いて生成した「最終買い取り価格」を売り手に提示していた。

だが、同社はのちにこのビジネスから撤退した。損失があまりに大きかったからだ。こうしたアルゴリズムによる査定の精度は、この種のビジネスモデルの継続性を確保するには不十分だったようだ。

ジロウの事例はいわば、アルゴリズムを用いた査定に過度に依存するリスクにまつわる教訓だ。

そのほかにも、ＡＩは広く使われている。

カスタマーサービスの日常業務では、チャットボットがますます利用されるようになっていて、大勢のカスタマーサービス担当者たちが、ゆっくりだが確実に脇に追いやられている。

ただし、顧客の相談内容がチャットボットの手に負えないほど深刻になった場合に限り、人間の担当者の判断が求められる。

また、かなり前からバーチャル・アシスタントを頼りにしてきたユーザーも多いのではないだろうか。

アップル社のシリが搭載されたのは2010年、アマゾンがアレクサを導入したのは2014年のことだ。

今日では、生成AIツールの誕生によって、AIパーソナル・アシスタントの有用性は大幅に向上し、個人のスケジュール管理というすでに定着した使い方だけでなく、はるかに多くのことができるようになった。

これらのツールは、入ってくる連絡を重要度で仕分けして、それぞれへの返信やメッセージを自動的に作成するといった、コミュニケーション関連での重要な業務もやすやすとこなしてしまう。

AIが作成するこうしたメッセージの種類は、最高経営責任者による個人業績評価の動画、直属ではない大勢の部下たちへの連絡、ターゲット顧客一人ひとりに合わせて作成される「ブランド・アンバサダーからの動画メッセージ」など、多岐にわたっている。

生成AIを直接的に利用しているもう1つの事例はソフトウエア開発で、ここでは生成AIの「便利さ」と「制約」の両方を目の当たりにすることができる。

生成AIは、明確に定義された既知のタスクを実行するためのコードブロックをすぐに作成できるので、開発者たちは創造的な仕事に集中できる。

その一方で生成AIは、新たな種類のソフトウエアの開発においては信頼性が低いため、開発者たちのこうした作業がきわめて重要になる。

これはスプレッドシートが開発された40年前の状況とよく似ている。

意思決定を任されている人々は、スプレッドシートによって大量のデータをかつてないほど簡単に分析できるようになった。

だがこのソフトウエアは、シート内の数字と、それらにもとづいて下される決定が実際に意味するものとを結びつけることはできなかった。

同様に、生成AIはすでに存在している、記録されている、知られている、あるいはアクセス可能なデータセット内で解決されている「解決策」や「答え」しか提供できない。

生成ＡＩに過度に依存するリスク

先の例は、生成ＡＩに過度に依存することの主な問題点を明確に示している。万能ツールとしての生成ＡＩが出力する結果はどうしても、個々の状況が考慮されない、一般的な規則にもとづいたものになってしまう。

出力された結果のトピックについて何の知識もないユーザーなら、その結果に感銘を受けることが多いが、そのトピックにまつわる知識や経験がほんの少しでもあるユーザーは、その結果ががっかりさせられるほど底が浅くて、しかも大抵間違っていることに気づく。

このことを確認するためには、あなたが入手できる生成ＡＩツールで試してみるといい。

あなたの専門分野内のトピック（できれば、広く知られていない見解やすぐに導けない考察に関するもの）について、生成ＡＩにアドバイスを求めてみるのだ。

そして、出された結果を注意深く読んでみる。

すると、それは「群衆の叡智《えいち》」がうまくはたらかない典型的な例である「入手可能な情報（または誤情報）の自動合成で、その内容については検証や質の評価がほとんど、あるいはまったく行われていない」というものになっている可能性が高い。

生成ＡＩは、どんなトピックに関しても、世間一般に共通する考え方をそれらしい体裁で提供できる。だが、それを批判的思考の代わりにしたり、あるいはさらにひどいことに、判断のための材料にしたりしても何の成果も得られない。

またユーザーは、生成ＡＩがアルゴリズム的バイアスを増幅させる仕様になってしまっている点にも、注意しなければならない。

「要求に応じてコンテンツを作成する」ことが、最大の目的である生成ＡＩには、「最適な結果に不安がある場合にはコンテンツを作成しない」という選択肢はない。

そのため、指示を与えられた生成ＡＩツールは、入手できる情報がどのようにまとめられているかにもとづいてひたすら機械的に処理し、意味合いの微かな違いについては何の考慮もしない。

こうして、社会に広く浸透している情報（または誤情報）にもとづいた「(非専門家である）群衆の叡智」が、より一層増殖すると同時に、デジタル革命において解決が難しいきわめて深刻な問題点の１つである「入手できる情報の適合性、正確さ、質を見極める難しさ」がさらに浮き彫りになる。

大量のコンテンツが簡単につくれることと、それらをユーザーが自信をもって信頼できるかどうかはまったく別の話だ。

特に生成ＡＩの判断や対応が、明確ではない情報に左右される場合、出力結果は最も信頼性が低く、最も小さな価値しかもたらさないものになる。

リーダーシップの価値を再考

自分の価値が「日常業務をこなす能力の高さ」である場合、生成ＡＩを例とする今日のテクノロジーの進歩によって、その人の価値は、近い将来ゼロになってしまうだろう。

一方、偉大なリーダーになくてはならない資質の1つである「難しい決断を下して世間一般の常識に逆らう行動を起こす能力」は、これまで以上に重要になる。

「批判的に思考する」「適合性の有無を見極める」「意味合いの微かだが重要な違いを捉える」といった能力は、膨大なデータを処理する能力では人間が機械にかなわない今日の世の中において、ますます貴重だ。

私たちが、「専門知識」と「批判的思考」の価値を尊重しつづけられるのであれば、

ＡＩに世界を乗っ取られて、破滅的な結末が訪れるという人騒がせな見解を抱くのにはまだ早い。

専門知識と批判的思考。これらは、情報（または誤情報）を収集してまとめるワンパターンのアルゴリズムに対して、私たち人間がまだまだ優位に立っている点だ。

☆2 **ササ・ペケック**
デューク大学フクア経営大学院の決断科学教授
（『Dialogue』２０２３年Ｑ２）

第11章

イノベーションを起こすチーム

観察、関連づけ、検証とテストの繰り返し

ジェイミー・ジョーンズ☆3

厳しい経済状況は、
「革新的な新製品」や「新たなサービス」が
生まれるきっかけになりうる。
あなたの会社は勇気をもって
イノベーションを起こせるだろうか？

イノベーションは、あわよくば成長につなげたいという単なるチャンスではない。経済が不安定で市場が変動している状況において、イノベーションは、起こさなければならないものだ。

そして社内の資源を活用して、本業での成長を促進させようとしている企業が成功するためには、個人と組織が、イノベーションを起こせる体制にあることを再確認しなければならない。

あなたと、あなたが率いる組織は、勝つために必要なマインドセットやスキルを身につけ、勝つためのプロセスを定着させているだろうか？

景気の低迷で受けた打撃から立ち直るために起きたイノベーションの例は、枚挙にいとまがない。

人件費の上昇が主な原因の1つだった1970年代の不況は、現金自動預払機（ATM）や、店舗のバーコードリーダーといった革新的な解決策の誕生につながった。その後の2000年代後半の不況では、金融の大混乱に見舞われた社会に不透明感が広がった結果、不安定な時代に個人が収入を確保する手段として「アップワーク」や「タスクラビット」といった、フリーランスやギグエコノミーのプラットフォームが誕生した。

また従来の方法では十分な資金が確保できない場合の資金調達手段として、スタートアップ企業向けのクラウドファンディング・プラットフォームも開始された。

そして今日の私たちは、再びきわめて不安定な経済状況を目の当たりにしている。

こうした事態においては、イノベーションを起こせない企業は、取り残されるリスクを抱えることになる。今日のマクロ経済の変動のなかで勝ち進むためには、組織と個人双方の体制が整っていなければならない。

イノベーションへの道のりは、次のように認識することから始まる。

「イノベーションとは、たったひとりで実現しようとするものではない。イノベーションへの取り組みを支えることを目的としてつくられたエコシステムによって成功するもので、総力を結集した努力である」

リーダーとしてのあなたの役割は、イノベーションを促すことであり、そのためにはそれぞれが「イノベーション筋《きん》」を鍛えられるような環境を整え、革新的な意欲が育てられて大きくなるような「組織体制」をつくりあげなければならない。

幸いにも、イノベーションを起こせる能力は、あなたのチームのメンバー全員に生まれながらに備わっていて、あなたは、彼らのそうした能力を研修や訓練を通じて開花させることができる。

よいアイデアを思いつく方法は、できるだけたくさんのアイデアを出すことであり、そのためには創造力が必要だ。そして創造力は、今までにないアイデアの発想につながることが証明されている一連の「能力と行動」、すなわち「好奇心や疑問を抱いて問いかける」「観察する」「関連づける」ことによって刺激される。

互いに関連し合うこれらの能力を育めば、個人やチームは、より革新的なアイデアを出せるようになるだろう。

ただしそれは、彼らがイノベーション筋を鍛えて、心理的な壁や行動上の壁を乗り越えられるよう、あなたが細心の注意を払うことが大前提だ。

好奇心や疑問を抱いて問いかける

学びたいという意欲は、探究心を刺激して理解を深める。

これは通常、疑問を抱いて問いかけるという行為を通じて達成される。

好奇心によって、個人やチームは現状に疑問を抱き、前提に異議を唱え、新たな可能性を探ろうとする気持ちも高まる。現状に疑問を抱いて問いかけることが、新たな視点やアイデアの探究と発見につながるのだ。

人は疑問を抱いて問いかけることで、自分の周りの世界をより深く知ろうとする。そうして、新たな洞察を手に入れられる。しかも大抵の場合、そこからさらなる疑問が湧いてくる。

4歳児の相手をしたことがある人なら実感できるように（「どうして空は青いの？」「赤ちゃんはどこから来るの？」「死んだらみんなどこに行くの？」）、私たち人間は生まれながらにして「問いかける動物」なのである。疑問を抱いて問いかけることによって、私たちは学ぶし、好奇心がかき立てられる。

だが4歳を過ぎると、私たちは、自分の周りについて疑問を抱くことを急速にしなくなっていく。疑問を抱いて問いかけることが反抗的、挑戦的とみなされることもある社会的規範のなかで、問いかけることを思いとどまるようになるからだ。

また、問いかけることで相手を不愉快にさせる場合もあるため、私たちは他人に嫌われたくないという思いから、前提や規範に異議を唱えない程度の問いかけしかしなくなってしまう。

上司や同僚に「(こんな仕事の仕方を)どうして続けているんですか?」と問いかけたらムッとされることは、誰だって容易《たやす》く想像できるはずだ。

それでも、時には子どもじみているようにさえ思える遠慮のない問いかけが、新たなイノベーションにつながることもある。

たとえば、1943年のある日、エドウィン・ランドは娘に「今撮った写真をどうしてすぐに見られないの?」と尋ねられた。

この問いかけが、ポラロイドカメラの発明につながった。

次に紹介する訓練で、あなたの「問いかけ筋」を鍛えて好奇心を取り戻そう。

- 今週予定されている各ミーティングで、「なぜ」または「もし~だとしたら」という問いかけを必ず1つ投げかける(この振る舞いが自分の行動パターンに定着するまで続ける)
- 同僚の「これはそういうものだから」や「ずっとこのやり方でやってきた」という発言に注意する。こうした言葉は、現状に疑問を抱いていないことを示している。そんな発言を耳にしたら話を中断し、「何が変えられるか?」「何が改善できるか?」と問いかけて、相手の言葉を掘り下げてみる

観察する

観察は、イノベーションのチャンスを見極めるための強力なツールになりうる。

ほかの人が、周りの世界とどんなふうに関わり合っているか（どんなことに喜びを感じているか、どんな課題に直面しているのか、など）が、観察を通じて見えてくる。

そうして、彼らの問題を理解しようとしたり解決策を考えたりするなかで、新たなアイデアがひらめくかもしれない。

さらに、観察すること（通常はそこに「疑問を抱いて問いかけること」も加わる）によって、相手が何をしているのかだけでなく、その行動の背景にある感情や理由までも十分に理解できるようになる。

こうした深い共感は、創造的で新しいアイデアの発想を促す。

ただし、ただ「見る」のではなく、「なぜ？」という問いを立てて、見たものを深く掘り下げることが、あくまで大前提だ。

「観察筋」を鍛えるのは、想像以上に難しい。

私たちの脳は、見ることで得られる情報をすべて処理しているわけではない。もしすべて処理されていたら、私たちは膨大な情報量に圧倒されてしまうはずだ。そうならないように、情報は無意識のレベルで取捨選択され、重要なものだけを脳が処理する仕組みになっている。

この無意識のレベルでの取捨選択を抑えて、観察の力を十分に生かすには、受け身の姿勢で周囲と関わるのではいけない。むしろ、周りを積極的に調べようとする姿勢に自分を変え、見たものをそのまま受け入れずに問いかけることで、新たな情報を手に入れなければならない。

観察がイノベーションにつながった有名な例は、「マジックテープ」あるいは「ベルクロ」の名でも知られる面ファスナーの発明だ。誕生のきっかけは、発明者のジョルジュ・デ・メストラルが散歩中に服にくっついた植物の毬《いが》を観察したことだった。

一方、あまりよく知られていないが、バッファロー・バイシクル（スラム・コーポレーションによって創業されたが、現在はワールド・バイシクル・リリーフの傘下に入っている）のチームの例もある。

彼らは、アフリカの農村部に暮らす人々が同社の自転車を改造して、穀物をひくための道具として使っていることに気づいた。

チームは、自分たちが目にした光景を見なかったことにしたり、同社の精巧につくられた自転車をユーザーが改造したことに不満を抱いたりせず、より深く観察を続けることにした。

そして目撃した新たな用途でも、ユーザーが自転車をよりうまく使いこなせるようにするため、自分たちならどう改造するかを、追加の部品をつくることまで含めて検討した。

「観察筋」を鍛えて自分の周りから刺激をもらえるようになるために、次の訓練を試してみてほしい。

- 次の1週間は、「ワークアラウンド」が行われた箇所を注意して探すことに時間をかけよう。ワークアラウンドとは、誰かが独自の方法を考え出して問題を解決した箇所のことだ。これは既存の策ではうまくいかないが、どうしても解決したいという思いから、その場しのぎのかたちで少しずつ編み出されたものだ。ガムテープで応急処置された、あの箇所がそうかもしれない。仕事のなかで探すなら、作業をもっと効率よくするために誰かがつくったスプレッドシートのファイルがそうかもしれない。ワークアラウンドは調査しがいのある宝の山であり、イノベーションのチャンスのヒントが示されている場合が多い

- 昼休みをとって、ファストフード店（または同じくらい人が多い場所）の席に座る。スマートフォンを置いて、人々が周りの環境とどのように関わり合っているかを観察する。人々が苛立っていること、人々が驚いたり喜んだりしたこと、改善できそうな手順をそれぞれ3つずつメモする

関連づける

「関連づける」とは、一見無関係に見えるアイデアをつなげる技であり、観察と概念化を橋渡しする役割を担っている。

多種多様なデータのパターンを認識するという脳本来のこの能力によって、異なる情報が統合されて新たな概念がつくりだされる。

そして、脳が無意識下でつなげることができる幅広い範囲の多様な知識や経験こそが、イノベーションの炎を燃え上がらせる。

ただし当然ながら、個人が得られる多様な経験の数は限られている。

つまり、さまざまな専門知識、スキル、国・地域情報、知見、経験を持ち寄ることができる多様なメンバーによって、チームを組むことの重要さがあらためてわかる。

こうしたチームのメンバーが持ち寄ったもので、新たな関連づけが行われ、イノベーションが促進される。

関連づけは無意識下で行われるため、いつもの刺激の多い環境は、私たちの脳がイノベーションをうまく起こすのに必要な作業の邪魔になる。

「関連づけ筋」を鍛えてパターンを発見するための次の訓練は、日常の喧騒から離れて行うべきものだ。

- あなたが現在、解決しようと試みている問題について、関連性はないが、あなたが成し遂げたい結果と同様のものを実現した事例を探してみる。たとえば、スポーツチームメンバー間のつながりを築くためのアイデアを求めている場合、スポーツチームのコーチが、毎シーズン新たな選手たちを集めてチームとしての一体感を高めるために活用している方法から、あなたが学べるものはないかを考えてみる
- オフィスにあるものから適当に2つ選び、その2つを組み合わせてできそうな

新たな製品を10個考える。そのとき、自分が思いついたアイデアを批判的な目で見ないこと。いいアイデアかどうかなど気にせず、ひたすら自由に考えて何が出てくるかとにかく頭をはたらかせてみよう

検証とテスト

すばらしいアイデアを手にする方法は、まずアイデアをたくさん思いつくことだ。「好奇心や疑問を抱いて問いかける」「観察する」「関連づける」ための筋肉を鍛えることは、大量のアイデアを生み出すうえできわめて効果的な手段だ。

だがすべてのアイデアが、みな同様に優れているわけではない。

ではどれが「いいアイデア」なのか、どうやって見分ければいいのだろうか?

その答えは「検証」だ。検証することは、あなたとチームが何に投資すべきかの決定を下すための判断材料として役に立つ。

検証とは、いわば仮説が正しいかどうかを確認する作業だ。

私たちが思いついたどんなアイデアも、仮説（この世界についての考えや、世間の役に立つ、または貴重だと思うかもしれないという考え）にすぎない。

念入りに計画された検証を行うことで、世界に対する自分たちの見方が現実と一致しているかどうかを確認できる。さらに、探究しつづけるに値するアイデア、却下すべきアイデアはどれなのかについて、貴重な情報が得られる。

人類の進化は、いいアイデアを選ぶことについて、有利にはたらかなかったようだ。人間の原始的な生存本能を司る「爬虫類脳」は、よりリスクの低そうなアイデアを選ぶように、今なお私たちに仕向けてくる。

そうしたアイデアが興味深かったり、斬新だったりすることはまずない。さまざまなテストを行って検証することで、自分の思い込みや爬虫類脳の影響を排除して、根拠にもとづいた決断を下せるようになる。

どのアイデアが、顧客にとって本物の価値を生み出せるのかをもっと簡単に把握できるようにするには、見込みユーザーの真の需要を測定できる、迅速かつ費用対効果の高いテスト方法に注目すべきだ。

実際の顧客で仮説を素早くテストすることで、思わぬ落とし穴が見つかるかもしれない。その結果を見て戦略を練り直せば、リスクを最小限に抑えられる。

需要を測定するための3つのテスト案

オンライン広告を使って需要を測定する

新たな製品アイデアについてのオンライン広告を作成し、想定される対象者向けのマーケティングを行ってクリック率を計測する。

作成したオンライン広告から、製品についてのさらなる情報などが掲載された、いわゆる「ランディングページ」に飛べるようにする。

さらに、製品が発売されたときにメールでお知らせが届く登録機能といった、対象者の行動を誘引する機能もつける。

MTurkを利用し、興味関心の度合いを測定する

アマゾンのメカニカルターク（MTurk）を利用すれば、複数の製品アイデアについてのフィードバックを、対象となる顧客セグメントから迅速に入手できる。

これらの製品がもたらす解決策が、顧客にどのように役立つかを文章と図で要約してこのサービスを利用すれば、あなたが想定した対象ユーザー層に合った何百人もの

協力者から、わずか数日または数週間以内にフィードバックが送られてくる。

機械になりすます

解決策となるアイデアを実現するために、新たなテクノロジーを開発しなければならない場合は、人間が機械の代わりになることで、アイデアを検証する方法を考えてみよう。

IBMは、オフィスで音声を認識して文字を書き起こす機能というアイデアを掘り下げるために、この方法を用いた。

このテクノロジーを実演して反応を見るために、ある事務員がヘッドホンをつけて、パソコンのディスプレイの前で話すよう指示された。

すると、話した言葉が魔法のようにディスプレイに表示された。

だが、実際に書き起こしたのはコンピューターではなかった。

IBMは奥の部屋に待機させた担当者に、表の部屋のディスプレイとつながったコンピューターで必死に文字を打ち込ませて、文章を表示させたのだった。

ただし、公平な考え方ができないのは、何もアイデアを生み出した本人だけではないことを、念頭に置いておかなければならない点に注意しよう。見込みユーザーたちも同様に、公平な判断ができないのだ。私たち人間は、他人から好かれたいという気持ちから、相手をできるだけ傷つけないようにする。つまり、嘘をついてしまう。

たとえ、提示されたアイデアがもたらすとされる解決策に何の興味もなくても、私たちはそのアイデアに興味があるとはっきり言ってしまったり、アイデアを積極的に支持したりしてしまう。

こうした振る舞いは通常わざとではないし、しかも何の害も与えないように見える。だがその結果、実際は誰も関心がないアイデアが、実現に向けて引きつづき検討されてしまう。そうして、イノベーションを起こせると思っていた人々は、いとも簡単に苦境に陥ってしまう。

本当に大きな可能性を持つアイデアを見極めるための正しい手法は、対象者に直接尋ねる「表明選好法」ではなく、対象者の実際の行動から判断する「顕示選好法」にもとづいたテストを行うことだ。

イノベーションを起こす勇気

イノベーションは、たったひとりで実現させようとするものではない。積極的にイノベーションへの取り組みを支える組織のもとで人々が一体となって、初めて成功するものだ。

そのためには、イノベーションの目標を明確にすること、それらの目標を全社的な戦略と整合させること、それに多様性と柔軟性の高いチームを育てることがきわめて重要だ。

これらのプロセスを進めていけば、障害を予測して取り除けるようになる。すると従来の組織体制に突破口が開かれて、そこからイノベーションが自由にあふれ出るはずだ。

イノベーションの文化をつくりあげるには、個人と組織の両レベルで投資しなければならない。この点において、組織のエンゲージメントを高められるリーダーシップが、とりわけ重要な役割を果たすことになる。

なぜならリーダーというものは、アイデアの検証や学びにおいて、組織全体を導く役割を担っているからだ。

失敗を貴重な学習経験とみなし、イノベーションによる貢献を報賞によって評価する文化はチームをさらに盛り上げ、イノベーションにつながるアイデアの模索がより一層盛んになるはずだ。

イノベーションは、持続的な成長を促す要因になりうる。

ただし、組織がイノベーションを最大限に推進するためには、リーダーは目先の利益よりも長期的な投資を優先させ、チームが何の制約も受けずにアイデアを次々に出せる環境を確保しなければならない。

あなたには、イノベーションが起きる組織をつくりあげる勇気があるだろうか？

☆3 **ジェイミー・ジョーンズ**
デューク大学「イノベーション&起業家精神」のディレクターで、デューク大学フクア経営大学院実務担当准教授
（『Dialogue』２０２３年Ｑ４）

第12章

成長マインドセットの重要性

創造性あふれる人材の不足に対処するカギ

ビビアン・ミン☆4

高度なスキルが必要な仕事さえ、
今やロボットが完璧にこなしている。
人間は自身の将来を
いまだ模索している最中だ

世の中には、よい兆しと不吉な前兆の両方を同時に示すものが存在している。人工知能（AI）は、「テクノユートピアを実現するためのカギになる」から、「ディストピアの悪夢の前兆だ」にいたるまで、あらゆる面を持つ存在だ。

いわば、希望であると同時に、脅威でもある。

希望とは、人間が、AIによって決まりきった日常作業から解放されて、もっとやりがいのあることに集中して取り組めるようになることだ。

一方で脅威とは、AIによって人間の労働力の大半が不要になることだ。つまり、AIが彼らに取って代わることになる。

後者の悲観的な将来が現実になる危険性は、多くの人が思っているよりもはるかに高い。もちろん、裁量度も賃金も低い、決まりきった日常作業から喜んで抜け出す人も多いはずだ。

スタインベックの小説の舞台となった農業地帯で育った私からすると、たとえ家族を養うためであろうと、1日16時間野菜を収穫しつづけるような仕事には、いかなる人も就くべきではないと断言できる。

ただ、誰もが抱いているこうした「決まりきった日常の作業」のイメージは、現実のほんの一部を表しているにすぎない。

現実においては、「決まりきった日常の作業」は、何もレタスを収穫することだけではない。医療用画像の解析、契約の見直し、コンピューターのコード作成も、そういった作業の一部だ。

驚くほど高度な仕事でさえ、AIのほうが速く、安くこなせるものが今後ますます増えるかもしれない。

もし作業内容が型どおりのものであれば、従来は医師、技術者、会計士といった専門家の判断が必要だったものさえもAIに取って代わられ、それらの仕事での非専門化が進むだろう。

今日の一般的な考え方は、「AIはすべての人の生産性を向上させるだろう」というものだ。

だが、その展望は誤りだ。

ただしそれは、私たちが進む道の選択肢の1つにすぎない。

私たちは、AIが「人工知能(Artificial Intelligence)」ではなく「拡張知能(Augmented Intelligence)」を意味する、もう1つの将来を選ぶこともできる。

この拡張知能の恩恵を圧倒的に受けるのは、「創造的な作業」(経験的知識にもとづいた型どおりではない労働）に携わる人々だ。

私が「創造性の称賛」と呼んでいるこの大きな恩恵は、技術や科学の分野だけでなく、芸術やビジネスの分野に携わっている人も受けられる。

どんな未知の世界の探索も、創造的な作業を行っていることを意味している。

たとえば、医療用X線画像の基本的な解析は自動化されるだろう。

機械は、X線画像に映っている影の部分を、過去の何百万枚ものX線画像と素早く比較して、人間が行うよりも低いコストでより迅速な判断を下せる。

それでも、病歴を詳しく見て、その患者のためだけの高度な治療計画を立てるという医師による創造的な作業は、残りつづけるだろう。

つまりAIは、型どおりの解析を非専門化すると同時に、個別の治療という創造的な部分を支える役割も果たす。

教育制度における問題点

世界中の各種学校や大学は、大量の卒業生を次々に送り出しているが、創造性やメタ学習（学び方を学ぶ）については、学生たちに基礎を十分に教え込んでいない。

教育機関は、専門知識に対する需要を大幅に間違って解釈している。

優秀なエンジニア、医師、科学者、技術者の需要や給料が大幅に高まっているのを目の当たりにした教育機関は、この傾向について、従来は大学や大学院で行われていた高度な教育が、ＡＩによる補完で、ほかの教育機関にも広まっていくものと解釈した。

だが、その解釈は間違っている。10年もしないうちに、高度なスキルを必要とする作業（データサイエンス自体さえも）の多くが、人間よりもロボットのほうがより速く、安くこなせるようになるからだ。

この傾向の正しい解釈は、「乗り越える力（レジリエンス）」「視点取得」「類推」「不確実性に耐える力」といった「メタ学習関連の能力」に長けた創造性あふれる人材がさらに必要とされるということだ。

こうした能力を身につけた学生は、未知の状況を探索する力を発揮できる、創造性と協調性豊かな問題解決者になれる。

彼らは、問題を新たな方法で捉え、物事の先を読み、将来を予測し、多様なチームの集合知を活用するために協力し合う。

これこそが、創造性豊かな人々の仕事だ。

ただし、社会経済環境を根本から改革しなければ、私たちが必要としている創造性が最高レベルに豊かな人々を生み出すことはできないだろう。

ハーバード大学教授のラジ・チェティは「失われたアインシュタイン」に関する彼の研究のなかで、「今日の高額所得者の子どもたちが革新者や起業家になれる可能性は、中所得者の子どもたちの10倍である」という厳しい現実を指摘している。

同様に、数学で上位20パーセント層に入っている貧困家庭の子どもたちは、下位20パーセント層にいる富裕層の子どもたちよりも、特許を取得できる可能性が低い。

この子どもたちの世代から次世代の創造性豊かな人材が出るとしても、その数はきわめて少ないはずだ。

その小さな集団を狙った人材獲得競争は、熾烈な戦いになるだろう。

そうして、一部の人が巨額の報酬を手にする一方で、大半の人間が世界経済に不要な存在に成り果ててしまう。

別の研究によると、社会経済的に低い階層出身のきわめて優秀な子どもたちが、わずかに異なる環境に置かれていたら、彼らは将来性のある創造性豊かな人材に育っていたかもしれないそうだ。

近所の家庭と比べて貧しい家庭の子どもたちが、自分たちより豊かな近隣の人々に囲まれて育った場合、豊かな家庭の子どもたちと同じような成果を出す。

つまり、重要なのは環境とお手本となる人物（周囲の人々と両親の両方）であって、世帯収入ではなかった。すべては状況に左右されるのだ。

教育制度は、この点でも問題を抱えている。

子どもたちが受講する授業の質を調べたチェティは、2つの重大な真実を発見した。

1つめは、子どもたちの教育経験は、社会経済的な成果を予測するうえできわめて正確な判断材料になるという点だ。

最も低レベルの授業を行っていた教師たちは、社会的流動性に対する大きな足かせになっていた。教え方が不十分な教師たちを代えると（しかも単に平均的な教師たちと代えるだけでも）、個人の成果にも経済にも大幅な向上が見られた。

2つめは、生徒に試験でよい点を取らせることに非常に長けていた教師たちを、生徒の実際の社会経済的な成果で判断した場合、さほどよい評価がつかなかったという点だ。

生徒の人生の成果という観点で、最高の評価を得た教師たちは、生徒に学校で最高の成績を取らせる指導法に長けているわけではなかった。

これは、試験で問われている内容が、子どもたちにとって本当に必要ではないものであることを明確に示す証拠だ。

それにもかかわらず、私たちは採用や作業計画において、学校と同じ物差しを使っている場合がほとんどだ。

学校は、将来が保証される高レベルの「メタ学習関連の能力」よりも、「知識や技能習得」をいまだにあがめている。

学問の世界や産業界をはじめとする分野では、独自の創造性にあふれた驚くべき人材を重視する。

だが、学校や労働市場はともに、機械でもできるような決まりきった作業をこなすためのスキルや知識に過剰にこだわりつづけている。

従来続けられている成績評価は、いかにうまく未知の世界を探索できるかではなく、いかにうまく試験をこなせるかという点が重視されている。

「学び方を学ぶ」ことを可能にし、未知の世界を探索する意欲を起こさせる能力そのものについて、試されることはないのだ。

成長マインドセット

子どもたちが、テストの点数ではなく人生での成果を向上させるためのカギは、大人たちが「成長マインドセット」にもとづいて成長させようとする環境で、子どもたちを育てることだ。

成長マインドセットとは、「自分の子ども、生徒、あるいは従業員には、自身を変える力や成長する力がある」という信念だ。

学んで育つこと、大きなことを考えること、あるいは何かを試そうとすることが奨励されない環境で育った子どもたちは、たとえ試験の点数がよくても、より高みを目指してよりよい人生の成果を出そうとする意欲が著しく損なわれている。

ビジネスでも同じことがいえる。

私自身の研究では、従業員に対する成長マインドセットを身につけているリーダーは、各従業員への見方が固定された柔軟性に欠けるリーダーと比べ、個人やチームを大きく成長させる可能性がはるかに高いことが判明している。

こうしたリーダーは、従業員に探索を促し、彼らが行う検証を支援し、失敗を許す。

部下を固定資産としてしか見ていなかったリーダーのもとで悪戦苦闘していた従業員が、成長マインドセットを身につけているリーダーのもとに異動したとたんに大活躍することがある。

経歴書の内容は同じだし、身につけているスキルも同じだ。

だが、この従業員の成果は、上司によってまったく違うものになった。

型どおりの作業において、専門家の判断さえも含めた人間の作業能力をしのぐことができるAIの性能は、きわめて強力なツールとなる。

おそらく、過去50年間で生み出されたツールのなかで最強の部類に入るだろう。

それでもAIは、あくまでツールにすぎない。

その本当の価値は、人間に取って代われることではなく、私たちの知性を拡張し、私たちの創造性を補完できることだ。

私たちがAIに対して行える最大の投資は、人に投資することだ。

地域社会、学校、企業のリーダーとしての私たちに必要なものは何だろうか？

まず、創造性豊かな人材の「需要サイド」として必要なのは、パラダイムシフトだ。

スキル、役割、専門資格といったものを重視してはならない。

それらはみな、ロボットに取って代わられる可能性が高いものばかりだ。

個人の創造性の豊かさや、チームの集合知の観点から仕事を捉えてみよう。

そして「供給サイド」として、創造性豊かな人材を十分多く生み出したいのであれば、リーダーたちは、現在の教育やビジネスのやり方を止めなければならない。

創造性豊かな人材の需要は、すでに急騰していて、とどまるところを知らない。

☆4
ビビアン・ミン
ソコスラボの設立者兼会長で、デューク・コーポレート・エデュケーションの講師も務めている
（『Dialogue』２０２２年Ｑ１）

PART 4

Finance

財務と金融

第13章

組織の敏捷さを測る指標ＦＣＴ

迅速な方針転換を可能にする要因

ジョー・ペルフェッティ[☆1]

劇的な変化が
絶えず起きている時代においては、
素早く軌道修正できる能力こそが
ビジネスの失敗と成功を分ける

唯一不変なるものは変化なり。クレイトン・クリステンセンが共同設立したコンサルティング会社イノサイトは、S&P500株価指数に選ばれている500社のうちの半数が、12年から14年ごとにすっかり入れ替わると予測している。

かつては繁栄していた大企業が、昔の栄光を維持するために悪戦苦闘しているというニュースを、私たちはほぼ毎日目にしている。

たとえば、かつてはいたるところに店舗が存在していたディスカウント小売業者Kマートは、本稿を執筆している時点では、アメリカ国内でわずか3店舗にまで縮小されている。また、2000年にはアメリカで最も価値の高い企業だったゼネラル・エレクトリックは、3つに分社化することを2021年に発表した。

リタ・マグレイスの最新刊『ディスカバリー・ドリブン戦略』(東洋経済新報社)で論じられているように、私たちリーダーがやらなければならないのは「角を曲がった先まで見通す」ことだ。

だが、市場の混乱や劇的な変化を予測するだけでは、明らかに不十分だ。新たな方向に進むために変えなければならないと判断したことを、迅速に実行できる能力も必要だ。企業は、変えると決めたことをどれだけ早く実行に移せるかについて、あらかじめ検討しておかなければならない。

ここ5年間において、私たちは世界の最大手企業の一部を対象とした「フィナンシャル・サイクル・タイム（FCT）ランキング」を発表してきた。

端的にいえば、FCTとは「企業が1ドルの投資を1ドルの収益に変えるためにかかる日数」を測ったものだ。しかし、私たちが本当に測ろうとしているのは、企業がどのくらい敏捷《びんしょう》に動けるかだ。

たとえば、北米航空業界のサウスウエスト航空の場合を見てみよう。

同社の2021年のFCTは274日で、次点はアメリカン航空の391日、その次がデルタ航空の396日だった。

このデータには、サウスウエスト航空が、同業他社よりもはるかに敏捷に動けることが明確に示されている。

ほかの業界を見てみると、情報通信部門のトップはTモバイルだ。

同社のFCTは376日で、ベライゾンは428日、AT&Tは583日だった。

Tモバイルは、5Gネットワークを同業他社よりも早く導入したことから、今やほぼすべてのユーザーに対して、この3社のなかで最も速いデータスピードを誇っているといえよう。

◎FCTの計算方法

1 「企業の営業資産および負債」に関する総投資額を年間収益で割る
2 この計算によって、投資が収益になるまでの年数がわかる
3 この結果に365を掛ければ、日数単位のフィナンシャル・サイクル・タイム(FCT)が出る
4 数字が小さいほうが、早く収益になっていることを意味している

■PCTの計算方法

なお私たちは、FCTと関連する数値である「生産サイクル・タイム(PCT)」も企業ごとに計算している。

PCTを計算するには、「運転資本」「有形固定資産」に関する投資額のみを抜き出して、この投資額をFCTと同様に年間収益で割り、365を掛ければいい。

私たちがＦＣＴの計算方法を編み出したきっかけは、次のような重要な問いの答えをただ知りたいという思いからだった。

- 企業が決断を下すのに、どのくらい時間がかかるのだろう？
- 製品を開発するのに、どのくらい時間がかかるのだろう？
- 製品を生産するのに、どのくらい時間がかかるのだろう？
- それらの製品を市場に出すまでに、どのくらい時間がかかるのだろう？
- 支払いを受けるまでに、どのくらい時間がかかるのだろう？

これらの問いは、企業が今日の市場でどれだけ迅速に動けるか、そして戦略的な対応が必要な変化にどれだけ速やかに応じられるか、という問題の核心に迫るものだ。

混乱や劇的な変化を生じさせるもの

戦略は、「誰が」「何を」「どこで」「いつ」「どのように」という一連の簡単な問いからできている。

当然ながらコンサルタントたちは、これらの問いを難しい専門用語や複雑なモデルに置き換えてはいるが、どんな戦略も結局はこれらの問いに帰着する（こんな簡単な問いを提示するだけでは、企業に何百万ドルも請求できないからだ）。

混乱や劇的な変化に対処するための最も重要な3つの問いは「なぜ」「何を」「どのように」だ。

主に「どのように」について検討したことにもとづき、ビジネスモデルを構築している企業、すなわち「〈どのように〉企業」が、通常最も早く窮地に追い込まれる。また「〈何を〉企業」も、困難に直面してしまう場合が多い。

一方で「〈なぜ〉企業」は、総じて持続性があることが判明している。

新型コロナウイルス感染症が世界中で猛威を振るっていた、2020年3月を振り返ってみよう。各国政府は、人が集まる場所を閉鎖するために大々的な措置を講じた。一番に休業させられた施設には、映画館も含まれていた。

「どのように」映画を観るか、つまり映画を観る手段の1つである「映画館に行く」機会は、真っ先に奪われてしまった。

ただし「何を」やりたいか（映画を観る）は変わっていないし、ディズニープラス、ネットフリックス、フールーといった動画配信サービスという別の手段で、引きつづき映画を観ることができた。

だが、ステイホームの日々が長くなるにつれて、興味深い傾向が明らかになってい
った。「人々がやりたかったこと（映画を観て楽しむ）」が、変化しはじめたのだ。

そうして、誰もがほかの娯楽を探すようになった。アメリカでは、「ビンゴツアー」
といった昔ながらのビンゴができるゲーム以外のゲームアプリユーザーのうち、
2020年に最も急速に増えた年齢層は45歳以上の成人だった。

ただし、娯楽サービスの消費における「どのように」と「何を」が変化しようと、
「なぜ」というただ1つだけ変わらないものがあった。

そう、「人は楽しみたいから」という、「なぜ」の答えは変わっていなかった。

サイモン・シネックも指摘しているように、「なぜ」は最も持続性が高い。

ここでの教訓は、もしあなたの会社が「〈どのように〉企業」「〈何を〉企業」である
場合、市場が変化したときに行き場を失ってしまうということだ。

自身の存在価値が、この2つの問いに縛られている企業の場合、変化を遂げようと
するのはきわめて難しい。

変われないことの危険性

動画配信サービスが登場した初期の頃、圧倒的なシェアを誇っていたビデオレンタル会社はブロックバスターだった。

同社はまさに「〈どのように〉企業」であり「〈何を〉企業」だった。客は店に行ってビデオを借り、家に持ち帰った。

このビジネスモデルは非常にうまくいき、莫大な価値を生み出した。

だが、世の中がストリーミング配信に移行したとき、ブロックバスターは自身を変えられなかった。同社の存在価値は、「どのように」と「何を」に縛られてしまっていたのだ。

ブロックバスターは、ユーザーが映画を観るための方法としてさまざまな選択肢を求めていたことや、ストリーミング配信の便利さにはまることに気づけなかった。同社は、そうした流れに対応しなければならなかったのに、結局は一度もできなかった。

それに対して、今年のFCTランキングのインターネットメディア・サービス部門で銀賞を受賞したネットフリックスは、ビデオレンタル事業からストリーミング配信サービス事業へ、そこからさらにコンテンツ制作事業へという、二度にわたる方向転換を成功させている。

つまり、ネットフリックスは「なぜ」を理解しているのだ。

また、かつてはアメリカの成功物語の一例として語られた、シアーズの歴史からも教訓を得ることができる。同社は何十年もの間、小売業界で支配的な地位を占めつづけていて、そのなかには通販事業も含まれていた。

ジェフ・ベゾスがアマゾン（FCTランキングのEコマース部門での金賞受賞企業）を創業するよりもはるかに前から、シアーズのカタログには自宅に配送してもらえる豊富な種類の商品が掲載されていた。

だがここ20年間で、小売業界は劇的に変化し、ネット通販が主流となった。シアーズは、何十年も通販事業を行ってきたにもかかわらず、この変化に対応できなくて、最終的には過去に繁栄した自身のビジネスの重みに潰されてしまった。

ブロックバスターやシアーズのような運命に苦しめられないようにするには、リーダーたちは次の2つの問いの答えを見つけなければならない。

私たちの会社の存在価値は「どのように」と「何を」によってのみ定められているのか、それとも「なぜ」によって定められているのか？

2022年度FCTランキング入賞企業

	アメリカ－S&P500				ヨーロッパーストックス欧州600			
業界部門	賞	企業	FCT	PCT	賞	企業	FCT	PCT
航空宇宙・防衛	金	ロッキード・マーティン	130	71	金	ダッソー	(103)	(106)
	銀	ボーイング	192	145	銀	レオナルド	54	(45)
	銅	テキストロン	223	159	銅	タレス	87	(31)
アパレル・繊維	金	ナイキ	105	103	金	アディダス	130	109
	銀	アンダーアーマー	130	98	銀	エルメス・インターナショナル	140	138
	銅	PVH	212	99	銅	プーマ	141	128
自動車	金	テスラ	111	109	金	ボルボ	39	38
	銀	フォード	158	157	銀	フォルシア	94	42
	銅	アプティブ	180	121	銅	ステランティス	101	29
飲料	金	モンスター	160	72	金	ブリトヴィック	196	145
	銀	ペプシコ	178	93	銀	ロイヤル・ユニブリュー	201	75
	銅	コカ・コーラ	249	66	銅	コカ・コーラ	208	119
バイオテクノロジー	金	モデルナ	(36)	(36)	金	アルジェニクス	(48)	(48)
	銀	インサイト	110	91	銀	ジェンマブ	131	131
	銅	バーテックス	123	75	銅	イプセン	172	96
インターネットメディア・サービス	金	ベリサイン	(184)	(199)	金	ライトムーブ	40	20
	銀	ネットフリックス	(13)	(13)	銀	ザランド	58	56
	銅	ブッキング・ホールディングス	77	(19)	銅	デリバリーヒーロー	104	(12)

業界部門	賞	アメリカーS&P500 企業	FCT	PCT	賞	ヨーロッパーストックス欧州600 企業	FCT	PCT
機械	金	ジョンディア	146	119	金	アンドリッツ	23	(20)
	銀	スナップオン	247	158	銀	バルメット	67	(1)
	銅	キャタピラー	260	215	銅	ブッハー・インダストリーズ	120	120
医薬品	金	ジョンソン・エンド・ジョンソン	171	34	金	ノボノルディスク	116	105
	銀	イーライリリー	187	136	銀	グラクソ・スミスクライン	173	60
	銅	ブリストル・マイヤーズスクイブ	220	59	銅	ロシュ	210	147
半導体	金	AMD	62	56	金	ノルディック・セミコンダクター	94	93
	銀	クアルコム	118	39	銀	BEセミコンダクター	99	77
	銅	テラダイン	138	96	銅	ASMLホールディング	133	43
IT系ハードウエア	金	HP	5	(34)	金	ロジテック	29	(1)
	銀	アップル	21	21	銀	エリクソン	73	13
	銅	ネットアップ	43	(86)	銅	ノキア	94	5
情報通信	金	Tモバイル	376	321	金	フリーネット	226	28
	銀	ベライゾン	428	350	銀	ユナイテッド・インターネット	318	83
	銅	AT&T	583	295	銅	プロキシマス	352	182
運輸・物流	金	サウスウエスト航空	274	252	金	ルフトハンザドイツ航空	303	292
	銀	アメリカン航空	391	341	銀	IAG	412	397
	銅	デルタ航空	396	277	銅	イージージェット	894	802

PCT：生産サイクル・タイム：投下した1ドルの中核資本が1ドルの売り上げになるまでにかかる日数を示している
FCT：フィナンシャル・サイクル・タイム：リースも含めた営業資産への1ドルの投資が1ドルの売り上げになるまでにかかる日数を示している。ちなみに一部の企業はFCTがマイナスだが、これは前払いがあったことによるもの

そして、もし「〈なぜ〉企業」に移行できて、「なぜ」による存在価値を保ちつづけられた場合、私たちの組織は、どのくらい迅速に方針を変えて改革を実行できるだろうか？

フィナンシャル・サイクル・タイムは組織のスピードを測るうえで役立つ手法だ。

この手法は、混乱や劇的な変化が常に起きている世界において、ビジネスで成功するためには、欠かせないものの1つである。

☆1　**ジョー・ペルフェッティ**

メリーランド大学でエクイティ分析を教えていて、デューク・コーポレート・エデュケーションのイノベーション特別研究員でもある

（『Dialogue』　2022年Q2）

第14章

暗号資産の自社への導入の可否

「信用への完全なる信頼」が唯一の保証

ジョー・ディヴァンナ[☆2]

暗号資産の世界に飛び込むことを
あなたは検討しているだろうか？
リーダーたちへのアドバイスは、
暗号資産のリスクを慎重に
検討すべきだということだ

「我が社は、暗号資産（仮想通貨）を支払いとして受け入れるべきか？」

世界中の役員室で、このきわめて重要な問いが新たに投げかけられている。

2021年初め、テスラが15億ドル相当のビットコインを購入すると同時に、同暗号資産での支払いも受け入れることを検討していると、報じられた。

だが企業は、イーロン・マスクの先例に慌てて倣《なら》うのではなく、暗号資産を導入した事例を念入りに調べて、ビジネスでの暗号資産の利用がもたらす恩恵がリスクを上回るかどうかを、慎重に検討すべきだ。

暗号資産の熱狂的な支持者たちは、暗号資産を国の通貨代わりにすることの利点を強調し、政府による干渉を受けないという新たな時代の国際商取引の可能性を歓迎している。

暗号資産の取引では、利用者の自主性が高められ、購入者の裁量権が確保され、携帯電話やインターネットを使うことでアクセスがしやすく、しかもそれらすべてに対して銀行手数料がかからない、というのが支持者たちの主張だ。

だがその一方で、監督当局の関係者や銀行員をはじめ、金融サービス業界に関わる人々の暗号資産に対する評価は、「投資対象として適したデジタル資産」といった評価から「投資詐欺（ポンジスキーム）」といったものにいたるまで、実にさまざまだ。

また、追跡可能性（トレーサビリティ）こそが、資金洗浄やテロリストへの資金供与を阻止できる要因であり、暗号資産にはそれが欠けていると警告する声もある。

いったいい、どの主張が正しいのだろうか？

お金の役割を再確認

この疑問に対する答えを見つけるヒントは、社会におけるお金の役割を考えることだ。

価値交換は「個人、企業、または顧客としてのあなたは、交換される価値を信じなければならない」という単純な原則にもとづいている。

要は、価値は見る人によって決まるということだ。

歴史を振り返ると、この価値は「金、銀、ダイヤモンド」などの貴重な産物と結びつけられてきたが、やがてそれらは商取引には実用的ではなくなっていった。

荷馬車何台分もの金を運ぶ非効率さに最初に対応したのは中国で、紀元前770年頃に貨幣制度が導入された。

17世紀から18世紀にかけてのイギリス東インド会社のように、企業も専用の貨幣を鋳造していた。そうした貨幣は人気が高かったが、発行した企業に対してしか使用できなかったため、ますます複雑化する経済のなかで廃れていった。

何世紀もの間に、「国の通貨」（私たちが「お金」として知っているもの）が主要な交換手段として発達した。

今日では、「お金」と「通貨」は同じ意味として使われている。

だが、この2つは実は同じ意味ではない。

「お金」は無形のもので、その価値は社会的信念にもとづいている。つまり「お金」は、品物に値段をつけて、価値を貯蔵するための仕組みであり、交換手段としての役割を果たすものである。

一方、「通貨」は「お金」の価値への信用が目に見えるかたちになったもので、その種類は「硬貨」「紙幣」「クレジットカード」などさまざまだ。

今日において、各国で使われているお金はみな「法定通貨」だ。

これは、その価値がいかなる貴重な産物にももとづくことなく、政府の保証に対する信頼によって定められている通貨である（アメリカでは、ニクソン大統領が金とドルの交換を停止した1971年から始まった）。

それに対して、暗号資産は「『信用への完全なる信頼』を完全に信頼すること」にもとづいている。

これはまさに「信じることを信じる」のと同じで、それ以外に信用を保証するものは何もない。

つまり、暗号資産の価値を決めるものは、貴重な産物と結びつけられているわけでもなければ、政府の保証も、一般的な兌換《だかん》性もない。

暗号資産の購入者は、将来その価値が上がると信じていて、それは「ほかの人もみなそう信じているから」という考えにもとづいている。

しかも暗号資産の取引には、規制による保護（これを「制約」と捉える人もいるが）もない。

どこまで信用できるか

暗号資産の熱烈な支持者たちは、こうした意見に反論している。

「ブロックチェーン（ビットコインをはじめとする多くの暗号資産の基盤となる技術）を一例とする、世界中のサーバーで実行されている『分散型台帳技術』によって、取引の忠実性が保証されている」と彼らは指摘している。

それならなぜ、暗号資産の盗難が話題になるのだろうか？「盗難など起こりえないはずだ。盗難が起きた場合に備えて、中央監督機関が不正な取引を特定して、立証できるようにしてあるはずだ」と考える人もいるだろう。

だが、暗号資産の世界には、中央監督機関は当然ながら存在していない。

その一方で、暗号資産のさらなる潜在的利益としてあげられているのは、「銀行手数料がかからなくてすむ」という点と、「最小限の取引費用で他国から商品を購入できる」という点である。たしかに、それは魅力的だ。

しかし、兌換性に関する問題がある。

たとえばあなたの会社は、電子レンジを製造・販売していて、暗号資産での支払いを受け入れていると同時に、供給業者にも暗号資産で支払っているとしよう。

今日の電子レンジの部品総額は（ある暗号資産の）40単位で、電子レンジの販売価格は80単位だ。

ただし、暗号資産の価格は日々激しく変動する。そうなると、「コスト」「販売価格」「利益」を、どうやって管理すればいいのだろうか？

暗号資産を使ったこの仕組みがうまくいくのは、あなたの会社のすべての顧客と供給業者が、みな同じ種類の暗号資産を使って取引する場合だけだ。

それ以外の場合では、あなたは、外国為替と同じリスクを抱えることになる。しかも変動性は、外国為替よりもずっと高いというおまけつきでだ。

役員室のメンバーは、政府がデジタル通貨をもし導入したとすれば、あるいは実際に導入する際に、どんな事態が起こりうるかも検討すべきだ。

2020年10月、カンボジアは暗号資産プロジェクトとして進めてきた、中央銀行デジタル通貨「バコン」の利用を開始した。この通貨は、ドルとカンボジア・リエルでの取引に対応している。

さらに、より大きな動きとして、中国の中央銀行である中国人民銀行は「デジタル人民元」を導入しているし、イングランド銀行は「中央銀行デジタル通貨タスクフォース」の設置を2021年4月に発表した。

国際決済銀行の報告によると、各国の中央銀行のうち60行以上が、デジタル通貨についての概念実証を行っているという。

もし、国が暗号資産を法定通貨として採用しはじめたら、暗号資産市場の小規模な銘柄が消滅してしまうかもしれず、その銘柄を購入していた人々は無一文になる恐れがある。

役員室で議論すべきこと

こうしたリスクや不透明感を踏まえて、企業の役員室では次の一連の問いについての議論が行われるべきだ。

- 国の信用制度で保証されていない通貨が、なぜ我が社に必要なのか？
- そうした暗号資産が、我が社のビジネスにもたらす価値は何なのか？
- 暗号資産は、クレジットカードといったほかの決済システムではもたらせない恩恵を、顧客にもたらせるのだろうか？
- 暗号資産によって、我が社の利益は不安定な価格変動の影響を直接受けることになってしまわないだろうか？
- どんな兌換性の基準にもとづいて、どの暗号資産を受け入れるべきか？
- 我が社の現在の業績は、自国の通貨で算出されているので、自国の政府が保証する暗号資産がより広く普及するまで、暗号資産の導入を待つべきだろうか？

- かりに暗号資産での支払いを受け入れる場合、価格変動による影響を抑えるためには、どのくらいの頻度で法定通貨に換金すべきだろうか？

役員会議では、暗号資産を取り巻く過剰な騒ぎはいったん忘れて、暗号資産を用いてビジネスを行う現実についての率直な議論が行われなければならない。

暗号資産を導入することでもたらされる利益と、考えられるリスクを話し合おう。導入することが、ビジネスにプラスになりそうであれば、次に導入時期を検討する。

暗号資産は、あなたのビジネスで大きな役割を果たせるかもしれない。

ここで取り上げてきた点をすべて踏まえたうえで、あなたの会社が暗号資産の世界に飛び込む前に、役員たちで今一度慎重に検討することをおすすめする。

☆2 ジョー・ディヴァンナ

デューク・コーポレート・エデュケーション教育ネットワーク講師であり、ケンブリッジ大学メラー研究所アソシエイト、ナザルバエフ大学経営大学院金融学客員教授

（『Dialogue』 2021年Q2）

第15章

アルゴリズムに管理された取引

DeFiは金融システムの構造改革

キャンベル・R・ハーベイ★3

金融システム再建のために
編み出された「分散型金融」（DeFi）。
その仕組み理解しておく

最新のビジネスや金融のニュースを見たときに、マスコミは「ビットコインの価格変動」や「ドージコインについてのイーロン・マスクの最新ポスト」といった話題ばかり追っていると感じたことが、あなたはこの1年で何回あっただろうか?

たしかに、暗号資産は金融の将来に関する議論の中心となってきた。

だが、今や別の何かが登場しようとしている。

それは世間にまだほとんど気づかれていないが、暗号資産よりもさらに重要で規模が大きいものだ。

しかも、その何かによって金融システム全体のかたちが変わりつつある。

姿を現しつつあるその何かとは「分散型金融(Decentralized Finance)」というもので、略称は「DeFi」だ。

できるだけ簡単にいえば、DeFiはアルゴリズムを用いた取引だ。

たとえば、私は「暗号資産1」を持っていて、それで「暗号資産2」を購入したいと思ったとする。その場合、「暗号資産1」を送ると、アルゴリズムが実行されて「暗号資産2」が返ってくる。

とても簡単で、しかも非常に優れている。アルゴリズムを使って取引したり、ビジネス全般を行ったりする将来を想像するのは決して難しくない。

アルゴリズムを使う利点は、仲介者を排除できること、つまりブローカーも銀行も必要ない。ＤｅＦｉは実質的には、アルゴリズムに管理された個人間取引なのだ。

ＤｅＦｉは、近年ブームとなっている「フィンテック」とは異なるものだ。

フィンテック企業は、取引コストを下げたり、ユーザー体験を大幅に向上させたりすることで、従来の金融サービスに対抗している。

そうした試みは、消費者にとっても経済にとってもいいことだ。

だが、「メガダイス」によると、フィンテックには中央集権的な金融インフラの過去の遺産が使われているため、限界もある。

こうした中央集権的なシステムでは、コストはある程度までしか削減できない。

つまり、次々に登場して従来の金融機関に挑戦している今日のフィンテック企業は、やがてＤｅＦｉに戦いを挑まれることになる。

ＤｅＦｉは、ビットコインやドージコインのことではない。

ＤｅＦｉとは、金融システムの構造改革であり、「取引」「貯蓄」「借入」「トークン化」「保険」の新たなシステムへとつながっていくものだ。

金融システムは過去に囚われた状態

この1世紀、アメリカの金融システムは実質的にはほとんど変化していない。保険から銀行、ブローカー、取引、さらには中央金融監督機関にいたるまで、各種処理はデジタル化されたかもしれないが、基本的なインフラは実質的には前のままだ。

私は著書『*DeFi and the Future of Finance*（未邦訳：DeFiと金融の将来）』で、1873年にウエスタンユニオンが行った初期の電信送金について取り上げた。その送金額は300ドルで、総手数料はおよそ3パーセントの9・34ドルだった。149年後の今日、一般的なクレジットカード決済では、3パーセントの手数料がかかるのがいまだに普通のことだ。

それどころか、今日ウエスタンユニオンで300ドルを電信送金しようとすれば、手数料は9・34ドルでは到底すまないはずだ。

私たちは、アメリカの金融システムに、多くの面で失望させられている。

薄利での商売がつきものの小売業者は、クレジットカード取引で3パーセントの取引手数料を差し引かれるだけでなく、入金まで何週間も待たなければならない。

なぜ今日の送金は、これほど費用が高くて時間がかかるうえに、安全性に欠けるのだろうか？

さらに、現在の金融システムの、より一般的な問題も見てみよう。

なぜ貯蓄率がゼロやマイナスなのだろう？

なぜ借入金利はこんなにも高いのだろう？

インターネットの時代において、企業の株を購入してから手続きが完了するまでに2日もかかるのは、いったいどういうことなのだろうか？

世界金融危機の最中、危機を招いた当の金融機関が、いったいなぜ救済されなければならなかったのか？

そして、銀行口座を持たない人「アンバンクト」が世界に17億人もいて、しかも銀行口座を持っていても融資などのサービスを受けられない人「アンダーバンクト」がさらに多いのは、いったいなぜなんだろうか？

こうした問題は、すべて社会に損失をもたらす。

金融市場で長年にわたって続いている摩擦は、経済成長に負担を強いてきた。

たとえば、アンダーバンクトに関しては、次のような経済的損失が考えられる。ある起業家が、目標年間利益率24パーセントのすばらしい案を思いつき、銀行に行って融資を申し込んだ。

銀行も、この起業家の案を高く評価したが、融資先としては彼女の会社の規模が小さすぎると答えた。この銀行の方針は、100社の小口顧客と取引するよりも、より大きな法人顧客1社と取引することだった。

そこで銀行は代替案として、彼女のクレジットカードの信用限度額を大幅に引き上げることを提示した。

だが当然ながら、クレジットカードで借金をすると、高額の利息が発生する。結局、彼女はこのプロジェクトをそれ以上進めないことにした。

残念な話だ。経済を成長させるのは、まさにこうしたプロジェクトだというのに。アメリカ経済の年間成長率は、ここ10年間ずっと2パーセントにとどまったままだ。しかもその間、政府債務は年々積み上がった。

政府の債務を返済する方法は、「増税」「紙幣発行」、そして「経済成長促進」の3つだ。そのなかで実際に効果があると思えるのは、3つめの「経済成長促進」だけだ。

DeFiはまさに、金融市場の摩擦を減らして金融をより包括的にするための仕組みであり、それによって経済成長が実現できる。

DeFiの利点

DeFiには3つの大きな利点がある。

まず1つめは、DeFiの中心を成すアルゴリズム、別名「スマートコントラクト」は、従来の金融につきものだった官僚組織や事務管理部門スタッフの層とは無縁だという点だ。

個人間で直接取引が行われる場合、高額な手数料を取る仲介者は存在しない。

2つめの利点は、分散型アプリケーションが相互運用可能な点だ。

たとえば中央集権型金融システムでは、ブローカーから銀行、あるいは逆方向に送金するのに何日もかかる場合があるが、DeFiではそうした遅延は発生しない。

3つめは、DeFiがあらゆるものの透明性を高める点だ。これがブロックチェーン技術の主要な特徴だと、多くのブロックチェーン開発企業が認めている。

現行の金融システムは、非常に不透明だ。私たちは、金融部門での問題を見つけるのは政府の規制当局の役割だと思っているが、過去の記録を辿ると監視の面で疑わしい点もある。

透明性が高ければそうした問題に対処できて、しかもイノベーションを加速させられる。アルゴリズムの改善案を思いついた人は、オープンソースコードを利用してその策を追加できる。そうした新たなプロトコルは、数日以内で公開が可能になる。

DeFiのリスク

新しい技術の分析を行うときは、考えられるリスクや課題についても評価検証を行って明確にしなければならない（どんなリスクも背負いたくない投資家は、アメリカ財務省短期証券を購入するほうがいいのではないだろうか）。

DeFiについてのリスクは、次のようなものだ。

スマートコントラクトに関するリスク

一部のアルゴリズムに不具合が生じる恐れがある。

DeFiは現行の金融システムとは異なり、すべてのコードがオープンソースであるため、悪用しようとする者はコードを見るために「ハッキング」する必要もない。

スマートコントラクトにおけるリスクは、「論理エラー」と、不正目当ての「エクスプロイト（コードの脆弱性を狙った攻撃）」の2種類だ。

論理エラーの例は、13・9999を14にするといった端数の切り上げを行うアルゴリズムのせいで残高不足になり、コマンドが実行できなくなる場合だ。

不正目当てのエクスプロイトは、「非流動資産（すぐに取引したり売ったりできない資産）」の取引を悪用する場合が多く、しかも巧妙なために見つけるのがより一層難しい。

たとえば、悪用しようとする者に、非流動資産の取引価格を操作されてしまう恐れがある。そして、改ざんされた価格で別の取引が行われれば、彼らは簡単に利益を得ることができる。

統治に関するリスク

DeFiはその名のとおり分散型だ。

そのため、アルゴリズムが少人数の集団に支配されてしまう恐れがある。

オラクルに関するリスク

オンラインのビットコイン・カジノをはじめ、すべてのDeFiはブロックチェーン技術に依存している。

ブロックチェーンは閉じたシステムであり、単独では外部とやりとりができない。そのため、ブロックチェーン外部の情報をブロックチェーン内に取り込む手段が必要で、そうした外部とのつながりを実現する手段は「オラクル」と呼ばれている。

ただし、オラクルのソースコードは操作されてしまう恐れがある（先ほどあげた非流動資産の取引の例のように）。あるいは、オラクルがオフラインになると、オラクルを利用しているあらゆるDeFiプロトコルも、オフラインになってしまうため、すべての取引が失敗する。

「規模や処理能力の拡張（スケーリング）」に関するリスク

現在のDeFiの取引の処理能力は毎秒15件で、これでは現行の中央集権型システムには太刀打ちできない。たとえば、決済システムを提供している企業VISAは、毎秒6万5000件の取引を処理できる。

こうしたスケーリングに関するリスクを減らせるよう「イーサリアム・ブロックチ

ェーン」における毎秒の取引処理件数を増やすための改善策が、進められている（現在稼働しているDeFiアプリケーションのほぼすべてにおいて、イーサリアムが土台になっている）。

「イーサリアム2・0」と呼ばれているこの策では、取引コストも大幅に削減される。

分散型取引所（DEX）に関するリスク

DeFiでは「分散型取引所」、略称「DEX」という新たな資産取引方法が導入されている。

一方、コインベースやバイナンスといった人気の暗号資産取引所は中央集権型だ。DEXにおいては、投資家はブローカーとではなくアルゴリズムとやりとりするため、DEXリスクというDEX独自の一連のリスクを負ってしまう恐れがある。

考えられるのは、暗号資産を預ける流動性提供者が、サヤ取り師（アービトラージャー）にうまく利用されてしまうといった例だ。

資産管理に関するリスク

暗号資産の持ち主は、推測不可能な長い数列でできた秘密鍵によって識別される。

持ち主が秘密鍵を紛失するのは、暗号資産を失ってしまうことを意味する。

このリスクは、まさに現実のものになっている。

つい最近の『ニューヨーク・タイムズ』紙の報道によると、カリフォルニア州在住のあるソフトウエア開発者は、手元での管理を強化するために、利用時以外はインターネットにつながっていない特別な管理用デバイス「ハードウエア・ウォレット」に、自身のすべての秘密鍵の情報を記録した。

その後不運なことに、彼はパスワードを忘れてしまった。

このハードウエア・ウォレットは、ユーザーがパスワードの入力を10回間違えると内部の情報がすべて失われる仕様になっていた。ソフトウエア開発者は8回連続で入力に失敗し、残されたチャンスはあと2回となっている。

彼のウォレットが管理している暗号資産の額は?

何と2億2000万ドルだ。

とはいえ、必ずしも自身の手元で秘密鍵を管理する必要はない。

この事例のようなリスクを回避するために、暗号資産の「管理機関(カストディアン)」に依頼するといった解決策が、すでにいくつも用意されている。

環境に関するリスク

これは現在の暗号資産の大半において、ブロックチェーンに新たなブロックを追加する際に、きわめて大量のエネルギーを消費する方法が使われているという事実によるものだ。

多くの専門家たちの予測によれば、暗号資産関連の活動で使われるエネルギー量は、アルゼンチンといったかなり大きな国で日々必要とされる量に匹敵するそうだ。

イーサリアムは、消費エネルギーがはるかに少なくてすむ方法へ移行する計画をすでに立てている。

新しい方法では、何万台ものコンピューターが重複して作業を行う代わりに、指定された1台のコンピューターですべてがまかなえるようになる。

この技術は「プルーフ・オブ・ステーク」と呼ばれている。この方法では、採掘者（マイナー）は、暗号資産を担保として「保有（ステーク）」しなければならない。

もしマイナーが不正な取引を承認してしまった場合、それによって失われた資金はすべて、マイナーの保有分から直ちに補塡される。

イーサリアムを土台としていないDeFiブロックチェーンの多くは、このような移行をすでに行っている。

規制に関するリスク

アメリカで証券法が制定された1933年、暗号資産はまだ存在していなかった。

そのため監督当局は、最近になってようやく、暗号資産に関する枠組みの構築に取りかかりはじめた。

その過程で、監督当局は慎重な判断を求められている。

もし規制が厳しすぎたら、イノベーションは潰れてしまうか、海外に移転してしまうだろう。その半面、もし緩すぎたら、そこにつけこんだ者に巧みに利用されてしまう被害者が大勢出る恐れがある。

したがって監督当局は、妥協点を見つけなければならない。

ただし、それがなかなか難しい理由が3つある。

1つめは、使われている技術が複雑なため、この新たな世界を理解するにはかなりの時間が必要となることだ。

2つめは、技術がきわめて速く進歩しているため、新たなプロトコルがつくられるペースについていくのが大変なことがある。

そして3つめは、この分野に精通している人材を引きつけるのが難しいことだ。

なぜなら彼らには、民間部門からの誘いもたくさんあるからだ。

つまり現時点では、規制に関してはかなり不透明な点が多いということだ。これらの不透明さが解決され次第、ＤｅＦｉの世界はその恩恵を受けられるはずだ。

DeFiの今後の展望

結局のところ、私たちは一巡して元の位置に戻ったというわけだ。

最も初期の市場取引で使われていた物々交換は、きわめて非効率だった。

その後、お金が導入されたことで、効率性は大幅に改善された。

ところがＤｅＦｉでは、どんなものでもトークン化できる。

商品、サービス、美術、音楽は、そのほんの一例だ。

その結果、将来のあなたは、支払う方法を自身で決められる。

あなたはスーパーで、金で保証されたトークンで支払おうとするかもしれない。あるいは、ＩＢＭの株で保証されたトークンを使いたいと思うかもしれない。

決定権は、あなたにある。

そして、もしあなたの選択が店の希望と異なる場合、あなたの資産は分散型の取引によって、店の希望するかたちへとシームレスに交換される。

これはまさに物々交換だが、昔とは異なる効率性の高い物々交換だ。この新たな世界において、中央銀行は競争にさらされることになる。お金に対する彼らの独占状態が、失われてしまうからだ。

DeFiの将来を無視しようと決めた人たちは、気をつけたほうがいい。多くの人が「私はこの分野に興味がないし、私のポートフォリオにはこの分野に関連する企業は含まれていない」と言っているのを、私も実際に耳にしたことがある。だがそうした人々も、そして彼らのポートフォリオも、DeFiの影響を受ける可能性があることには変わりはない。

たとえば、ポートフォリオに含まれている企業自体が、この新たな技術によって倒産に追い込まれる恐れもあるからだ。

DeFiに関するリスクはたしかに多い。

だが、それでもDeFiの可能性は、金融の民主化をはじめ非常に大きい。今はまだ初期の段階にすぎないため、私たちはDeFiによる劇的な変化の1パーセント程度しか経験していない。

今の私たちが目にしているのは、新たな都市の足場だけだ。

だが、DeFiは単なる改修ではない。
私たちの金融システムの完全なる再構築なのだ。

☆3 **キャンベル・R・ハーベイ**
デューク大学金融学教授で、アメリカ金融学会元会長
(『Dialogue』 2022年Q2)

第16章

投資利益率と資本コストの関係

資本コストにおける不確かさの理解

ジョー・ペルフェッティ★4

資本コストはなぜ
企業によって大幅に異なるのだろうか？
それにはすべてリスクが絡んでいる

「企業はどのようにして、資金を調達しているのだろうか？」
「また、そのときにかかるコストは、どのくらいだろうか？」

この疑問に答えるために、アメリカで最もよく知られている2つの企業の例を見てみよう。スーパーマーケットチェーンのウォルマートの2021年10月時点の時価総額は、ほぼ3900億ドルだった。

一方、イーロン・マスクがCEOを務め、電気自動車と再生エネルギー事業を行っているテスラの同時期の時価総額は、7770億ドルだった。

だが、ブルームバーグの算出によると、同時期のウォルマートの「加重平均資本コスト（WACC）」が5・8パーセントであったのに対して、テスラは16パーセントだった。

つまり、テスラのほうが価値の高い企業であるにもかかわらず、同社が資金を調達するためにかかるコストはウォルマートのほぼ3倍だということだ。

なぜ、この指標が2社でこれほど違うのだろうか？

また、こうした違いが市場で何を意味しているのかを理解するために、リーダーたちはどうすればいいのだろうか？

大半の人は「投資利益率（ＲＯＩ）」の意味を直感的に理解している。

だが、「ハードルレート」とも呼ばれる「資本コスト」の考え方については、理解するのが難しいと感じている人が多い。

見づらいリスクを理解する

投資の世界において、損失を出すことは必ずしもリスクではない。損失が出ると見込んでいて実際に損失が出たのであれば、それはリスクとは呼べない。

だが、損失が出ると見込んでいたにもかかわらず利益が出たのであれば、それはリスクだ。投資の世界では、リスクとは予想外のことを意味する。

つまり、リスクとはバラつきの程度だ。数学的には「標準偏差」という。

ある判断や投資に関する結果の範囲の分布は、グラフ化することができる。そして通常、このグラフは、左右対称の釣り鐘型になることが多い（ただし、そうならない場合もある）。

結果の分布は、どのくらいの範囲に収まっているだろうか？

そこからリスクが読み取れる。

市場におけるリスクを算出するために、多くの研究者や専門家たちは、異なる種類の投資の過去からのデータを分析した。

ここでは「過去90年間のS&P500株価指数の年利の分布」と「アメリカ財務省短期証券3カ月物の投資成果の分布」の2つに注目しよう。

「S&P500」については、投資の利回りが30パーセントの年もあれば、マイナス30パーセントの年もあった。大半の年においては、利回りは0から10パーセントの間だった。

一方、同じ90年間で「アメリカ財務省短期証券」に投資していれば、その間、決して損を出さずに、常に少額のリターンを得ることができた。

このリターンの分布の幅は狭く、左に偏っていた。

研究者たちは、国債と比べて分布の幅が広くて不確かさが大きい株のリターンのほうが、リスクが高いことを突き止めた。

より大きな不確かさを引き受けたことの見返りとして、上乗せされる年利「リスクプレミアム」という考え方があるのは、そういうわけだ。

つまり、不確かさが大きいほどリスクが高く、より大きなリターンが期待できる。

だが、企業があまりに高いリスクを背負うと、私たち投資家はまったく投資しなくなってしまうかもしれない。

企業のハードルレート、つまり資本コストとは、その企業が提示した不確かさの程度に対して、投資家に支払いが見込まれる「リターンの年利」を意味している。

ウォルマートとテスラの資本コスト

では、ウォルマートとテスラの例に戻って、まずは両社についての予測を見てみよう。

ウォルマートの売り上げは予測しやすい。2021年1月を年度末とする同社の2020営業年度（実質的には2020年2月から12月までの11カ月分）の年間売り上げは約5600億ドルだった。

売り上げは、毎年1〜4パーセントの間で伸びると予測され、2023年度の売り上げ予測は約6010億ドルだ。

これらの数字は、ブルームバーグがプロの証券アナリストたちから得た予測情報の平均値にもとづいて出した「コンセンサス予想」だ。

ウォルマートとテスラの売り上げ

年間売り上げ（億ドル）	2020年度（実績）	2021年度（予測）	2022年度（予測）	2023年度（予測）
ウォルマート	5590	5640	5800	6010
テスラ	315	506	691	863

注：ウォルマートの2020営業年度は2021年1月が年度末となる。比較のため調整を行い、2020年の実績は2020年1月から12月までの売り上げとなっている

興味深かった点は、これらの予測情報の幅の大きさだ。

2023年度の予測については、ブルームバーグが平均を出した14件の予測情報のうち、売り上げの最大値は6210億ドルで、最小値は5820億ドルだった。平均値は6010億ドルだ。

要するに、この数字は群衆の叡智（きわめて広い見識を持つプロの群衆）を活用して将来を予測したものだ。

だがあえていうと、ウォルマートの売り上げを予測するにあたっては、予想外のことが起きる可能性は低い。

同社の売り上げは順調な年には4パーセント、そうでない年には1パーセントの増加が見込まれる。素人投資家でさえ、ウォルマートの増加を少ない誤差で予測できる。

つまり、同社の成長は予測可能で、安定している。

これは、テスラについての予測とは、きわめて対照的だ。報告書によると、テスラの2020年度の売り上げは315億ドルだった。同様の手法にもとづいてブルームバーグが出した2023年度の売上予測は863億ドルだ。だが、注意しなければならないのは、2023年度の予測情報の幅だ。ブルームバーグが平均を出した34人のアナリストの予測情報のうち、売り上げの最大値は1273億ドルで、最小値は576億ドルだった。平均的な予測はテスラの売り上げは2020年度のほぼ2・7倍になるというものだったが、この見込みは満場一致とは到底呼べるものではない。

テスラの売り上げは天井知らずだと思った人もいれば、同社の成長についてもう少し冷静な見方をした人もいたのだ。

投資の面から解釈すると、これらのデータはテスラがウォルマートよりもはるかにリスクが高いことを意味している。そうした、より大きな不確かさの見返りとして、投資家たちはより高いリターンを期待し、それが16パーセントという、より高いハードルレートというかたちで反映されたのだ。

一方、より予測可能なウォルマートに対しては、投資家はより低いリターンを期待すべきだろう。

ただし、あるハードルレートがほかと比べていいか悪いかは、一概にはいえない。ハードルレートとは、あくまで不確かさの度合いのみを示すものだからだ。

ハードルレートがわかれば、投資家は自身のリスク許容度を考慮して、見込まれる費用対効果で投資の元が取れるかどうかを判断できる。

経営陣が学ぶべきこと

投資におけるハードルレートを理解したいと思っているリーダーたちは、まず確かさの度合いがどのような結果の分布をもたらすかについて、考えることから始めるべきだ。

それが、リスクを理解して情報を提供するための第一歩だ。

自社のハードルレートを下げたいと思っている企業は、ビジネスにおいて考えられる結果の不安定さを軽減するための選択肢を念入りに検討し、それらの結果の分布を修正するための最善策を特定しなければならない。

リーダーたちは、結果の幅をよく検討することで、少なくとも自社のプロジェクトに関するリスクについて、より深く理解できるようになり、最終的には、必要となるハードルレートの高さについての洞察が得られるようになるはずだ。

☆4 **ジョー・ペルフェッティ**
メリーランド大学でエクイティ分析を教えていて、デューク・コーポレート・エデュケーションのイノベーション特別研究員でもある

(『Dialogue』 2022年Q1)

PART 5

Marketing

マーケティング

第17章

誤解にもとづく顧客中心主義

顧客成果を重視した価値提案の見直し

ライアン・マクマナス☆1

製品の特長を売りにする販売方法は、
アナログ経済ではうまくいったかもしれない。
デジタル経済の時代においては、
リーダーたちは顧客成果について
再検討しなければならない

デジタル経済によって、企業は顧客、従業員といったステークホルダーとのつながりを驚くほど拡張し、強化できる可能性を手に入れた。

しかし、企業のデジタルツールの利用方法を調べてみると、根本的な点が見落とされていることが多い。

要は、ビジネスリーダーたちは、たとえ最新のテクノロジーを導入したり、新たなマーケティング・チャネルに参入したりしても、顧客を一番に考える「顧客中心主義」を実践するためのマインドセットや仕事のやり方は、アナログ経済時代のままなのだ。

多くの企業において、顧客中心主義は、商品企画とマーケティングが協力し合って実践できるものだ。

商品企画チームは、顧客の問題を理解して解決しようと努める。

その間にマーケティング・チームは、各マーケティング・チャネルでのキャンペーンや顧客体験を企画、展開して顧客データを集め、売り上げを伸ばそうとする。

顧客中心主義を実践するためのこうした手法は、アナログ経済の時代においては、数多くのマーケティング戦略を最新のものへとうまく変化させてきた。

だが、デジタル経済時代のリーダーたちは、問題解決や顧客体験のさらに先を見据えている。彼らは「顧客成果（カスタマーアウトカム）」を重視することで、従来の考

アナログ経済時代の価値提案 vs. デジタル経済時代の価値提案

アナログ経済時代の価値提案	進化したデジタル経済時代の価値提案
預貯金で利息を稼ぐ	お金を最大限に活用して、「経済的に満たされて安心できる状態（フィナンシャル・ウェルビーイング）」を達成する（ゴールドマン・サックスの個人向けオンライン銀行「マーカス」の価値提案）
期日どおりの商品配送	排出ガスゼロ、廃棄物ゼロ、交通事故死ゼロを実現した配送（自動運転型の電気輸送トラックを開発する「アインライド」の価値提案）
「強い吸引力」「大量の付属品」「バッテリー持続時間の長時間化」といった数多くの機能	掃除の結果を数値で証明（ダイソンV15ディテクト掃除機の価値提案）

えに囚われているリーダーたちと差をつけている。

企業がまず取り組まなければならないのは、顧客が手に入れたい成果を再検討して、顧客の目標達成をお手伝いできるようビジネスモデルを再構築することだ。

実は、多くの企業がこの出発点を見落としている。

たしかに、商品企画チームは、最先端の機能を大々的にうたう能力に長けているし、マーケティング・チームは、自社のメッセージを見事なまでにわかりやすく伝えることができる。

しかし、最新のデジタル・テクノロジーを活用する能力が組織にいくらあっても、時代遅れの価値提案という「弱点」を補うことはできない。

デジタルの世界では、顧客はただクリックさえすれば、あなたの会社の製品、サービス、ブランドについての情報を手に入れられる。

そのような顧客たちに、あなたは何を伝えたいのだろうか？

マインドセットの変化を促す

デジタル・テクノロジーによって、マインドセットの変化が促される（あるいは、競争の激しい状況においては、マインドセットの変化が求められる）。

その変化の結果、企業は主力製品の特長を全面的に押し出すよりも、デジタル・テクノロジーを高度に活用する能力で戦えるようになる。

顧客中心主義についての従来の見方の問題点は、商品やサービスを顧客に売ることだけに囚われていることだ。

あなたは、なぜそれが問題なのかと思うかもしれない。

たしかに、企業は製品やサービスを売らなければ存続できない。

ただ、この従来のやり方ではもはや不十分なのだ。

252ページの図表にその違いがはっきりと現れている。

デジタル経済時代の価値提案には、企業の「中心的な価値（コアバリュー）」の提案が潜在している。

これはつまり、デジタル・テクノロジーを高度に活用する能力を通じて、コアバリューの提案を拡張することで、製品やサービスの差別化を初めて実現できるという意味だ。競争はもはや、製品やその特長といったレベルのものにとどまらない。

顧客にさらなる価値をもたらすために、いかにデジタル・テクノロジーを活用するかという点でも、今や競わなければならないのだ。

イギリスのエネルギー企業「バルブ」（訳注：2021年に経営破綻し、2022年にオクトパスに買収）の例を見てみよう。

同社は、太陽光、風力、水力による100パーセント再生可能エネルギー由来の電気を契約者たちに提供することや、二酸化炭素削減プロジェクトを通じてガス関連のカーボン・オフセットを行うことで、「グリーンエネルギーを、より簡単に、より環境にやさしく、より安く」している。バルブの主力製品である「電力」は同業他社と同じものだが、同社は持続可能性の目標を達成して、消費者である顧客の個人的な目標達成も支援することで、顧客にさらなる価値を提供している。

次の2つの思考法を見てみよう。

もし、あなたが自身の会社が提供するものについて、顧客に理解してもらう方法を改善することを重視しているなら、それは製品中心主義的な手法だ。

この手法の出発点は、「製品をもっと多く売る」というあなたの目標にもとづいている。

つまり、あなたは「この商品のすばらしい点は○○です。お客さまにとってこの製品が必要な理由は△△です。ぜひご覧になってご購入ください。そして、弊社の各マーケティング・チャネルでは、このようなすばらしい顧客体験を提供しています」という「インサイド・アウト思考（内から外に向かう思考）」を行っているといえる。

一方、デジタル経済時代に成功するリーダーたちは、この思考よりも、顧客がどんな成果を求めているかを自分自身に問いかけ、顧客の人生をよりよいものにする方法を模索するという「アウトサイド・イン思考（外から内に向かう思考）」を重視して実践するよう、自らを変えることができる。

顧客の目標を十分理解できなければ、顧客中心主義の本質も、そこからもたらされるチャンスも捉えられない。

デジタル経済時代に顧客成果をもたらす

顧客成果という考え方を理解することは非常に重要だ。

なぜなら、それは顧客中心主義を時代に即した最新のものに進化させるために、欠かせないものだからだ。

「顧客成果」と「顧客ニーズ」は、必ずしも同じではない。

たとえば、ある顧客が必要としているのは住宅ローンかもしれないが、望んでいる成果は子育てしやすい安全で住み心地のいい家だ。

つまり、住宅ローンを背負うこと自体を望んでいる人は、ほぼいないはずだ。

顧客成果をもたらすには、顧客の立場に立って、顧客が心から達成したいことは何なのかを理解しなければならない。

そうすることではじめて、企業は提供する製品やサービスを企画できるのだ。

電子商取引におけるアマゾンの能力の進化は、この考え方の好例だ。

アマゾンは、まず幅広い種類の商品を扱うオンライン・カタログを作成し、売り手と買い手を安全に結びつける多チャンネルの市場を構築し、正確な支払いと配送を保証する仕組みをつくりあげた。

ほかの多くの電子商取引プラットフォームは、この段階まで来たらそれで十分だと思い、さらなる歩みを止めた。

だがアマゾンは、顧客のためにできることがまだたくさんあると考えていた。

そうしてアマゾンの利用者は、食事をつくりながら、ベッドに入ってうとうとしながら、あるいは通勤の途中に、アレクサを通じて商品を注文できるようになった。

デジタル経済時代は、新たな便利さを提供できる。


ただし、アマゾンがここまでやっても、完璧な顧客体験の提供にはいたらなかった。ある地域で、玄関前の置き配の荷物が盗まれる事態が頻繁に発生していたからだ。

では、アマゾンは荷物の盗難にどう対処したのだろうか?

同社はセキュリティ製品開発企業「リング」を10億ドルで買収した。

リングが開発したスマートドアベルは、ユーザーである顧客が自宅だけでなく、外出先からでも配達員を確認し、ドアを開け、自宅内に荷物が運ばれるのを確認したあとに、ドアを閉めて鍵をかけられるようになっている。

さらに、アマゾンはホールフーズも買収して、荷物を受け取れるロッカーのネットワークづくりも行った。

この事例は、エコシステム型ビジネスモデルを通じて「エンドツーエンド（プロセスの初めから終わりまで）」の価値提案を生み出せるという、デジタル経済とアナログ経済との決定的な違いを示している。

デジタル経済では、企業はいくつもの段階を円滑につなげることで、顧客の生活をもっと便利なものにできる。

何をすればいいのかを顧客自身が自分で考える代わりに、製品やサービスの提供者である企業が、顧客が目標を達成するためのプロセスのすべてを、データの力を借りて構築することができるのだ。

リーダーが新たなマインドセットを浸透させる

賢明なリーダーたちは、顧客中心主義戦略において、いきなりマーケティングを主導的な役割に据えるようなことはしない。なぜなら、顧客中心主義は明確に定義された価値提案にもとづいているものだと、彼らは理解しているからだ。

そして、マーケティング活動が、そこから生み出されることもだ。

デジタル経済時代には、顧客中心主義の新たな定義が求められている。それは「顧客成果を明確にし、深く掘り下げ、実現するためのマインドセット」というものだ。

クレイトン・クリステンセンが2005年に提唱した「(顧客の)片づけたい用事(ジョブ)」のモデルは、今日の経済において成功しているデジタル・ビジネスモデルの先駆けであり、最も強い影響を与えたモデルだった。

「製品の特長を超えた先を考える」というクリステンセンからリーダーたちへの提言は、今日においてもきわめて重要だ。

それにもかかわらず、顧客中心主義と同様に「(顧客の)片づけたいジョブ」も正しく理解されていない場合が多い。

私は多種多様な業界のリーダーたちを対象に行っているセミナーで、「あなたの顧客が『片づけたいジョブ』は何ですか?」と毎回尋ねるようにしているが、「顧客は我が社の製品についての情報を見つけたいと思っている」「顧客は我が社の製品を購入したいと思っている」といった答えしか返ってこない。

自社の顧客の目標が「ローンを組むこと」「消費者向けの製品を購入すること」「『ライセンスなしの信頼できるカジノ』で過ごすための旅行を予約すること」であると信

じて疑わない役員たちを、私は何百人も教えてきた。

このように製品にばかり囚われていると、競合他社に、顧客成果をもたらして競争優位性を得る機会を与えることになってしまう。

だが、そんな事態に陥らなくてすむ方法はある。

デジタル経済で勝つためには、リーダーは、組織が長年抱きつづけてきた考えを見直すきっかけになるような問いかけをして、顧客の目標達成に役立つような製品やサービスをより一層充実させなければならない。

そうすることで、今日の新たなチャンスにつながる道が開けるはずだ。

一例として、35カ国以上で運営され、50万社を超える企業と1800万人以上の個人ユーザーにサービスを提供している、フィンテック企業「レボリュート」を見てみよう。同社は法人顧客に、次のことを実現してもらうために役立ちたいと思っていて、それらをざっと見るだけでもとてもためになる。

- 初日からグローバルなビジネスを行う
- チームの出費を抑える。出費の許可を厳しくする
- 経費管理に関するわずらわしさをなくす

- 賢明な予算計画を立てて支出超過をなくす
- 海外でその国の人と同じくらい円滑にお金を使えるようにする
- 資産を増やす

これらはみな、成果をきわめて重視したものだ。

当然ながらレボリュートには、これらの成果をもたらすための商品やサービスが用意されているが、それらは同社の価値提案で大きな位置を占めているわけではない。

大手企業も、市場におけるこうした新しいかたちの自社の位置づけ（ポジショニング）をうまく利用できる。

たとえば、ゴールドマン・サックスの個人向けオンライン銀行「マーカス」でも「私たちは、お客さまが経済的に満たされて安心できる状態（フィナンシャル・ウェルビーイング）を達成できるように、『マーカス』を設立しました」と、その使命が明確に示されている。

フォーチュン500にランク入りしている企業、政府機関、スタートアップ企業の多くに対して私が用いてきた手法は、上の図のような問いかけを通じて、製品の特長を重視した戦略を、顧客成果をもたらす戦略に見直すことだ。

あなたの顧客はどんな成果を求めているのか？

片づけたいジョブ	現在の状況	影響の大きい組織
● この成果をもたらすために必要な手段は何だろう？ ● 成果につなげようとする各段階で、成功はどんなふうに見えるのか？	● 顧客は現在どのくらいの成果を手にしているのか？ ● 悩みの種は何か？ ● どんなデータが取得できるか？ ● データは各段階でどのように共有されているか？	● 求められている成果を出しているのは、どの組織、製品、サービスなのか？ ● この成果をもたらせる競合他社はあるか？

デジタル・テクノロジーは新たな価値にどう貢献できるか？
エンドツーエンドの価値提案を企画して生み出せるか？
製品ではなく成果をもたらすために、そして製品ではなく成果に値段をつけるために、自社のビジネスモデルをどのように進化させられるか？

さらに、リーダーたちにすすめるのは、顧客中心主義に対する既存の考え方や囚われの要因を打ち破れるような課題を、チームに与えることだ。

その際にチームに問いかけるべき、きわめて重要な質問の例を次にあげておく。

- 私たちは顧客の目標を常に把握しようとしているだろうか？

この探索は一度行えば終わりというものではないことを理解しておく。大事なのは常に好奇心を抱いていることと、間違ってもかまわないという意識を持つことだ。

- 私たちが提供する大がかりな顧客体験がすべてなくなったとしても、私たちが提案する価値に顧客は意識を向けるだろうか？

あるいは、私たちは新たな戦略的思考における欠陥を、デジタル・マーケティングによって何とかカバーしているにすぎないのだろうか？

- 顧客にとって、私たちはビジネスしやすい相手なのだろうか？
- 私たちとの取引ややりとりは、追跡可能性や透明性が高いだろうか？

最後の質問は、「環境・社会・企業統治（ESG）」関連の開示請求がますます増え、Web3・0の「資産のインターネット」テクノロジーにもとづいた経済モデルが出てくるにつれて、今後、より一層重要になるだろう。

顧客中心主義に対する考え方を広げることで、あなたの組織が受けられる利点

顧客成果の観点から顧客中心主義を考えることで、あなたのビジネスは多くの面で急速に強化される。

戦略を明確にする

リーダーが、顧客の目標を徹底的に注意深く見直すことを、リーダーが組織に促す問いかけを行えば、組織は自身の存在意義（パーパス）を積極的に高めようとする。そうした強い目的意識は、ビジネスにおける判断の指針となり、本当に必要な情報とただの雑音を見分けるのに役立つ。

組織のパーパスと方向性が一致するような機会だけを追求し、それに関連した投資

だけを行えば、結果として時間と資源を有効活用できる。

明確な価値提案は混乱を防ぐ

組織が行う価値提案を製品を超えた先まで拡張すれば、競争優位性を生み出せると同時に、予想外の混乱を防げるようになる。

戦略的な方向づけを行えば顧客はステークホルダーになる

明確な成果を上げられる判断を組織が続けていけば、顧客が次の目標を描くためのサポートができる。

顧客の求める成果がどのように進化しているかを把握できれば、組織はそれらを実現しつづけることができる。

従業員や株主に対しても顧客中心主義の考え方を応用できる

顧客中心主義を実践するためのマインドセットは、何もあなたの製品やサービスを購入する人々だけを対象にしたものではない。

従業員や株主に対する考え方でも、同じモデルを利用することができる。

今日の大量退職時代において、採用活動は難しい課題となり、就職希望者の多くは明確なパーパスを持つ企業で働きたいと考えている。

そのため企業は、「私たちはなぜこのビジネスをしているのか?」という問いに対して、意味のある答えを出さなければならない。

明確なパーパスのある企業文化から得られる利点はきわめて大きい。

そうした企業文化は、共通のパーパスを軸にした従業員エンゲージメントを高める。さらに、この企業文化が発展するにつれて、顧客成果をもたらすにはどのように貢献すればいいかがすべての従業員にとって、より一層明確になり、貢献への意欲がますます高まる。

株主たちも、ESGへの関心がますます高まっていることから、それに関連する質問を投げかけたいと思っているかもしれない。

組織が明確にした、成果に対するエンドツーエンドの解決策を実行するにしたがって、あなたの会社は、製品やサービスの販売者という位置づけをはるかに超えた存在になれるはずだ。

製品やマーケティング・チャネルを超えて

顧客中心主義を実践するために、自身のマインドセットを再考して進化させようと一歩踏み出したら、まず「顧客が達成したいことは何なのか?」という基本的かつ戦略的な問いかけを行うことから始めてみよう。

この問いには、簡単に答えられるように思えるが、実際はそうではない。顧客成果を理解するには、努力と共感力が必要なのだ。

あなたの顧客が手に入れたいと思っている成果を本当に理解できれば、それらをもたらすための策を顧客に説明するなかで、将来に向けた価値提案ができる。

あなたの会社の戦略、ビジネスモデル、提携先、製品とサービスは、すべてその価値提案と方向性が一致していなければならない。

顧客成果が出発点でない場合、顧客中心主義は製品ファーストなマーケティングの単なる別名と化してしまう恐れがある。

そうなればあなたの戦略は、データ、顧客親密性、エンドツーエンドなテクノロジーの導入によるチャンスが少なかった「アナログ経済時代」の遺物にもとづいたものになってしまうはずだ。

あなたの会社はきわめて優れたマーケティング力とすばらしい特長を備えた製品を有しているかもしれない。だが、デジタル経済時代に問われるのは、「何のためにやるのか」ということだ。

☆1 **ライアン・マクマナス**
テクトニックの創業者兼CEOで、デューク・コーポレート・エデュケーションの講師も務めている
（『Dialogue』 2022年Q2）

第18章

人々を行動に向かわせる力

「ストーリー」の正しい使用法と誤用

ベン・シェノイ[☆2]

「ストーリー」には依存性があるため、
くれぐれも慎重に使用すること

新型コロナウイルス感染症パンデミックという身近な脅威と、じわじわと迫ってくる気候変動危機によって、私たちは、世界が混乱して進むべき方向を見失った恐ろしい時代に生きていることを、あらためて強く認識させられた。

イギリスの経済学者であるジョン・ケイとマーヴィン・キングは、近年の共著『*Radical Uncertainty*（未邦訳：過激な不確実性）』で、私たち人間は、数学的モデルへの過度の依存をやめ、物語にもとづいた推論を行うべきだと指摘している。

私たちリーダー、さらには本当の意味を知りたいと強く願っている消費者、従業員、投資家といったあらゆるステークホルダーにとって、物語的な推論は、この世界で起きていることの意味を把握するのに役立つ。

心理学者のメラニー・グリーンとティモシー・ブロックは、「ストーリー」つまり物語は、聞き手に対してきわめて大きな力を持っていると論じている。

ストーリーには「物語への移入」、すなわち話を聞いたときに心に浮かんだイメージや感情を通じて聞き手がストーリーの世界に引き込まれるというはたらきがあり、それによって世界に対する私たちの考えがかたちづくられるのだ。

ストーリーは、私たちの心を捉える。さらに、私たちの脳を捉えることも判明している。ストーリーに没頭しているときの私たちは、ストーリーを脳で疑似体験しているのだ。

心理学者のジェフ・ザックスは著書『*Flicker*（未邦訳：揺らめく映像）』で、私たちがストーリーを見たり聞いたりしたときに、脳内の神経細胞であるミラーニューロンが、どのように発火するかについて解説している。

私たちがストーリーに入り込んでしまうのは、そのストーリーを脳が演じているからだ。私たちが実際に振る舞いに出ずにすんでいるのは、ひとえに前頭前野の抑制力のおかげだ。

だが、ヒーローがパンチを食らう瞬間に、自分もつい身を引いてしまうことを思えば、抑制力がうまくはたらかない場合もあるようだ。

ストーリーの虜《とりこ》にさせられる

生じさせる活動のレベルから考察すると、ストーリーには、中毒性の高い薬物と似たような特徴がいくつも見受けられる。私たちを虜にするために、体内でつくられる多くの化学物質が合わさってはたらいているのだ。

神経科学者のポール・ザックは、さまざまな動画を観ている最中の被験者たちから採血して、ストーリーの各部分でどんな脳内化学物質が関わっているかを調べた。

すると、被験者の興味が高まった箇所（たとえば、謎に満ちたスリルが高まって彼らの活動レベルが上がった場面）では、ストレスから身を守るとされる「コルチゾール」が分泌されていることが明らかになった。

そして、次々に現れる感情を掻き立てられる場面を経て、納得のいくラストシーンに到達すると、被験者の脳内に「ドーパミン」が放出された。

ドーパミンは、快楽を報酬として与えることで、人間の学習を強化する神経伝達物質だ。

さらに、被験者が自分自身を主人公に重ね合わせたとき、幸せや安らぎを与えるとされる「オキシトシン」が分泌された。

この先駆的な研究の結果、オキシトシンには「物語への移入」を仲介し、社会性のある共感的な振る舞いを促進する役割があることが明らかになったため、ザックはオキシトシンを「道徳分子」と名づけた。

オキシトシンは、思いやり、信頼する気持ち、寛大さをより一層高める。

しかも、ストーリーに込められたメッセージに従って行動するよう、人々を促す傾向が強い。

ストーリーには、人々を行動に向かわせる力があることが、有名人やインフルエンサーがよかれと思って広めるソーシャルメディアでの誤情報の拡散という現象でも、示されている。

なかでも顕著な例は「第5世代移動通信システム（5G）が新型コロナウイルス感染症パンデミックを起こした」という完全に間違った主張で、この噂が広まったことで携帯電話基地局がいくつも破壊された。

たとえストーリーの語り手に悪意がなくても、語り方がうまくなければ言いたいことが正しく伝わらない場合もある。

ストーリーの威力はよく理解されているが、その活用方法が正しく理解されていないことが多いのが実情だ。

ブランドについてのストーリーの語り方に問題があった1つの例は、数年前にアップル社が行った広告キャンペーンだ。

この広告には長いコピー文が使われていて、通常ならそれはストーリーを伝えるための理想的な形式だ。

最初の「節」は次のようなものだった。

まさにこれだ
まさにこれが大事なことだ
つくったモノがもたらす経験
それが誰かにどんな思いを与えるか
それがどんなものかを
想像しようとしたら
一歩下がって
考えるようになる

同じような調子の節がさらに3つ続いたあと、「アップル社がカリフォルニアで設計・デザイン」というキャッチフレーズで結ばれる。

この広告の1つめの問題点は、興味を引くようなスリルもなければ対立もなく、しかも現実とは異なる状況への移入もないことだ。

つまり、ストーリーが存在していないのだ。

2つめの問題は、この広告は偽善的でひとりよがりなため、消費者がこの短い作品の主人公になれない点だ。

コピーライターのニック・アズベリーも、この広告の批評で「このコピー文では初めに『私たちはすべてをユーザーの視点から考えている』と語られるが、以降は自分たちについての語りが延々と続く」と指摘している。

たとえ優れたマーケティング力で名高い企業であっても、このような明白な間違いを派手に犯してしまうものなのだ。

出来事よりも、それを語るストーリーのほうが強い

アップル社の失策と対照的なのは、プロクター・アンド・ギャンブルが2015年に生理用品ブランド「オールウェイズ」の宣伝で実施した、「#LikeAGirl（女の子らしさ）」キャンペーンだ。

役者のオーディション風景を模したこの広告では、会場に集まった若い男女、そして少年少女たちが、「女の子らしく」振る舞うよう指示される。たとえば、「女の子らしく走ってみて」「女の子らしくボールを投げてみて」というように……。

すると、女性も男性も、そして少年たちも、まるで「女の子」を小馬鹿にする文化的固定概念を絵に描いたような、侮辱的でなよなよした振る舞いをした。

一方、思春期前の少女たちの振る舞いは、まったく違っていた。

彼女たちは、力いっぱい走ってボールを投げた。その姿は自信、誇り、自己肯定感に満ち溢れていた。少女たちの振る舞いは、彼女たちが、女らしさについての社会規範にまだ影響されていないことをはっきりと示していた。

この広告でのオーディション風景の描かれ方には、ストーリーに必要な次のような要素がすべて盛り込まれていた。

- 謎に満ちたスリル（「女の子らしさ」ってどういうことだろう？）
- 動きのある展開（固定観念に囚われた振る舞いから、すがすがしい反応まで）
- 敵（ジェンダーによる固定観念）
- 聞き手が引き込まれる主役（ブランドではなく、少女たち自身）

このキャンペーンは大成功に終わった。

「#LikeAGirl（女の子らしさ）」キャンペーンは、信念や振る舞いを一新させて、侮辱を自信に満ちた行動へと変化させる力が、ストーリーにはあることを示している。

ラビ・アラメディンは著書『*The Hakawati*（未邦訳：ハカワーティ〈訳注：アラ

ビア語で「ストーリーの語り手」を意味している〉で、出来事そのものよりも出来事を語るストーリーのほうが、私たちに強い影響力を及ぼすと指摘し、次のように論じている。

「何が起きているかは、何が起きているかについて私たち自身が語るストーリーに比べたら、ほとんど重要性がない。出来事には大した意味はなく、私たちにとって影響力が大きいのは、その出来事について語られるストーリーのほうだ」

ストーリーの語り手には、ストーリーというドラッグを、人のためになるように効果的に投与する責任があることを忘れないでほしい。

★2　**ベン・シェノイ**
ロンドン・スクール・オブ・エコノミクスの行動心理科学客員教授で、デューク・コーポレート・エデュケーションの講師も務めている

（『Dialogue』2020年Q3）

第19章

マーケティングが負う課題

不透明な時代の高度かつ徹底的な分析

クリスティン・ムアマン☆3

経済に対する多くの懸念によって、
マーケティング責任者たちの
自信が揺るがされている。
彼らはどのように
対処しているのだろうか？

「経済が本格的に落ち込んだら、マーケティング活動はどうなるのだろう?」

マーケティング担当のリーダーたちにとって、これは長年の懸案《けんあん》であるが、2022年末には、再び大きな問題となっていた。

最新の「最高マーケティング責任者調査（CMOサーベイ）」によると、アメリカの企業がインフレの上昇、サプライチェーンで進行中の問題、雇用市場の不透明感、不況の恐れといった事態に直面していることから、マーケティング責任者たちの経済に対する楽観的な見方は、ますます低下している。

しかも、マーケティング予算の縮小や消費者価格の上昇が起きる可能性は、ますます高まっている。2022年度の調査の主な結果の一部を次ページで紹介しよう。

先行きに対する不透明感が高まったことで、経済への楽観的な見方が低下している

経済の先行きに対する不透明感が急速に高まるにつれて、2022年の初めには高いレベルを記録していた経済に対する楽観的な見方は低下した。2022年2月のCMOサーベイの「楽観スコア」は、100点満点中66・8点だった。

アメリカ経済に対する楽観的な見方は低下している

アメリカ経済に対するあなたの見方がどの程度楽観的かを、
0から100の範囲で答えてください（0が最も悲観的で、100が最も楽観的）

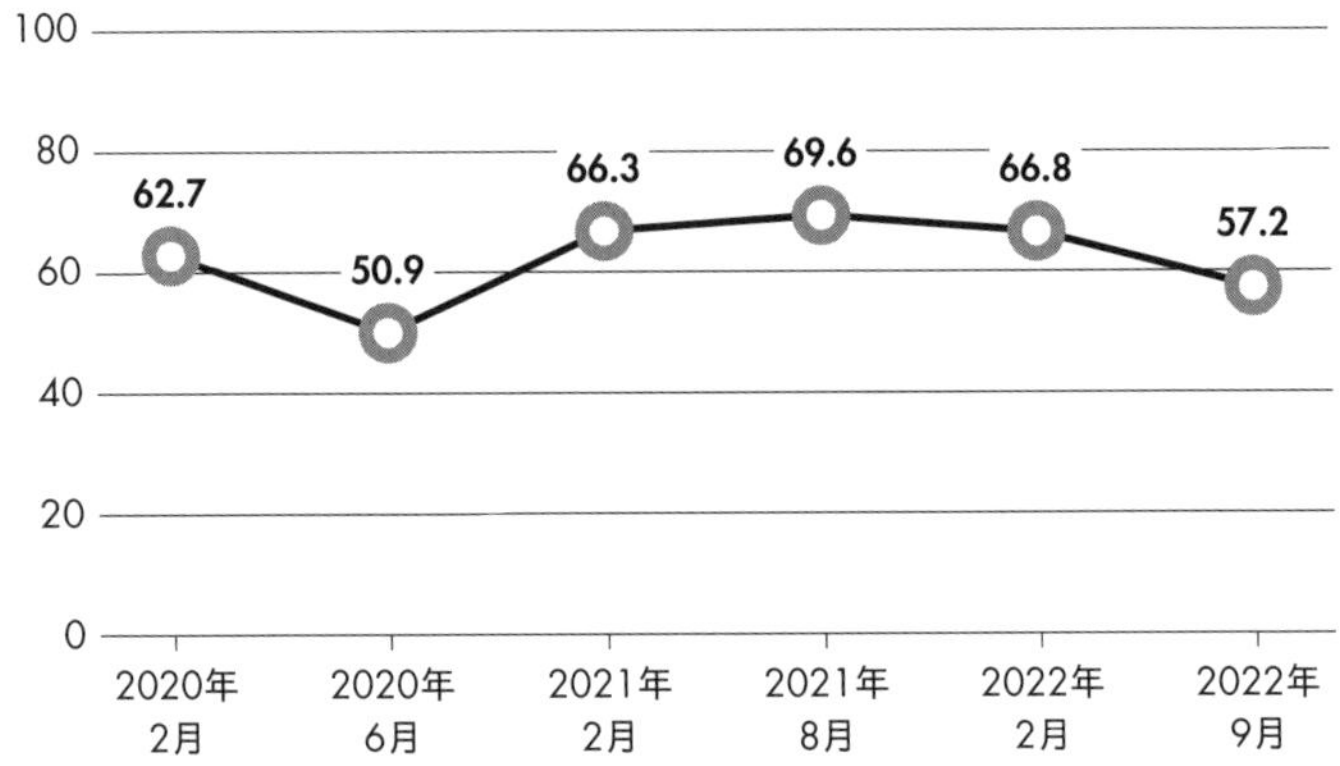

だが、半年を過ぎるとスコアは57・2点に下がった。

ただし、下降したにもかかわらず、このスコアは新型コロナウイルス感染症パンデミックが最も深刻だった2020年6月時の50・9点や、大不況時の2009年2月に記録された歴代最低スコア47・7点をはるかに上回っている。

2022年9月の調査で最も楽観視された部門は、ヘルスケア（62・6点）と製造（62・3点）だった。一方、最も悲観的な見方がなされた部門は、銀行・ファイナンス・保険（45・9点）と消費者サービス（46・3点）だった。

スコアが低かった両部門のうちの前者は不況への懸念に、そして後者はオンライン・サービスへの消費者の信頼低下によるものだと思われる。

マーケティング予算は過去最高

新型コロナウイルス感染症パンデミックの最中、マーケティング責任者たちは、デジタル・マーケティングへの投資を急速に拡大した。

その結果、マーケティングの予算が増えて、平均すると企業全体の予算の13・8パーセントを占めるまでになった。

これはCMOサーベイ開始時から現在までの最高値だ。マーケティング責任者たちの報告によると、2021年度のマーケティング支出は10・1パーセント増えた。

だが、2022年度の伸びは8・8パーセントにとどまると予想されている。

インフレの影響はますます高まっている

インフレ圧力の影響でマーケティング支出が減っている企業が多い（42・3パーセント）。一方で、ほぼ同数の企業（41パーセント）では増減は見られなかった。

今後については、大半の企業（65パーセント）が、インフレによって消費者価格が上昇する可能性が高いと予想している。

マーケティング担当のリーダーの4割が、自分の会社は価値提案の見直しに重点的に取り組んでいると答えている。

調査の時点までに、一時解雇を行ったと答えたリーダーは13パーセントにすぎなかった。その理由として、雇用市場で激しい競争が続いていることがあげられている。

マーケティング責任者たちは、これまで以上に多様なチャネルを活用している

新型コロナウイルス感染症パンデミックを受けて、マーケティング責任者たちの大半（65・1パーセント）が、利用するチャネルの種類を増やしていて、なかでもSNSを販売チャネルとして活用していた（全体の41・4パーセント。企業から消費者に向けたB2C製品を扱う企業に限ると61パーセントに上昇する）。

意外なことに、以前の対面チャネルをすべてデジタルの非対面チャネルに置き換えたと答えたマーケティング責任者は、わずか10・5パーセントだった。

一方、半数が対面チャネルを復活させた、または新たに開始したと答えた。

顧客は品質、サービス、低価格を重視している

新型コロナウイルス感染症パンデミック以前、顧客が最も重視しているのは「信頼し合える関係」だと答えたマーケティング責任者が多かった。

しかしこの傾向は、パンデミックの最中に変化した。

代わりに、顧客が最も重視することの回答でトップとなったのは、「製品の品質の高さ」（30パーセント）で、次点は「優れたサービス」（18・7パーセント）だった。

それに加えて、顧客が「低価格」を重視しているという答えも増えてきている（17・2パーセント）。

これはインフレ圧力が高まっていることの新たな兆候といえる。

引きつづき在宅勤務が主流となっている

在宅勤務はもはや当たり前のことのようだ。

マーケティング責任者のうち、57・5パーセントが「チームは少なくとも一部の仕事を在宅で行っている」、48・7パーセントが「チームはすべての仕事を在宅で行っている」と回答した。

全体的に見ると、マーケティング部門のリーダーたちは、どちらの勤務形態においてもチームの生産性に自信をもっていて、回答者の半数が従業員たちの生産レベルは落ちていないと答えている。

一方、回答者の3分の1以上が、在宅勤務によって企業文化が希薄化していると感じている。特に若手社員が組織に溶け込めない状況にあることを、懸念しているという回答者が多かった。

自身の立場を明確にする企業が増えている

自分の会社は政治色の濃い問題に対して、有名ブランドをもつ企業としての強みを生かして立場を明確にするだろうと答えたマーケティング責任者は、全企業のうちの30・2パーセントを占めた。

これは新型コロナウイルス感染症パンデミック以前の18・5パーセントから大幅に上昇して、過去最高の数字となった。

なかでも、自社の立場を明確にすると答えた企業が最も多かった業種は、「企業から企業に向けたB2B」サービス業で（37パーセント）、部門別に見るとテクノロジー（46・5パーセント）と専門サービス（45・5パーセント）が突出していた。

インターネットによる売り上げが1割以上を占めている企業は、政治色の濃い問題に対して、意見を述べようとする傾向が強かった。

特に、売り上げの50〜99パーセントがオンラインによる企業の場合、政治色の濃い問題に対して、半数以上が積極的に発言したいと考えていた。

マーケティング責任者たちはDEI関連の支出を増やしている

マーケティング責任者の回答によると、「多様性・公平性・包括性（DEI）」関連の支出は10・7パーセント増加している。この増加率は、2021年8月以降から同程度で推移している。

こうした支出で、マーケティング責任者が社内にどんな影響をもたらせたかを尋ねると、全体的な評価の平均は低かった（7点が「きわめて大きな影響をもたらせた」、1点が「まったく影響をもたらせなかった」という評価で、7点満点中半分以下）。最も影響をもたらせた項目は「従業員の定着」（3・9点）と「人材の引きつけ」（3・7点）だった。

回答者によると、自身の会社のマーケティング部門のチーム構成は、女性が57・1パーセント、非白人が22・1パーセント、障害者が2・3パーセントだった。

マーケティング分析への投資は増加している

マーケティング予算におけるマーケティング分析への支出の割合は、ここ10年ほど6パーセントから7パーセントの間で推移してきたが、今回の調査では過去最高の8・9パーセントとなった。

この傾向は今後3年間続いて、14・5パーセントにまで増えると予想されている。

マーケティングに関する判断に、マーケティング分析が利用される割合は、新型コロナウイルス感染症パンデミック直前の37・7パーセントから、5割近くにまで上昇した。さらに、企業の業績にマーケティング分析がどの程度貢献したかを追跡する調査も大幅に増えている。

新型コロナウイルス感染症パンデミックは収束傾向にあるが、アメリカ経済全体において後遺症は今なお残っていると思われている。

私たちは、長く続くと予想される「不透明な時代」に入りつつある。

マーケティング予算の削減が迫られるなか、マーケティング責任者たちにとってのきわめて重要な課題は、マーケティングが会社にいかに価値をもたらすかを示すことだ。

そのためには、高度かつ徹底的な分析を駆使して、組織に真の価値をもたらす活動に、重点的に取り組まなければならない。

☆3 **クリスティン・ムアマン**

デューク大学フクア経営大学院で経営管理学のT・オースティン・フィンチ記念講座主任教授を務めていて、調査機関「CMOサーベイ」の設立者兼ディレクターでもある

◎CMOサーベイは市場予測、卓越したマーケティングの記録、組織や社会におけるマーケティングの価値の向上を目的として、2008年からマーケティング部門のリーダーたちの意見を集めて公表している。年に2回行われているこの調査は、デューク大学フクア経営大学院、デロイト、アメリカマーケティング協会の支援を受けている。29回目の調査は、アメリカの営利法人のマーケティング部門リーダー273名を対象に、2022年の7月から8月にかけて行われた

(『Dialogue』 2022年Q4月)

第20章

大企業病に対処する方法

ビジネス上の倫理や振る舞いの問題

アリソン・スチュワート=アレン[★4]

倫理の欠如と悪い振る舞いがもたらす危機は、
どんなに強力なブランドさえ
死に至らしめかねない病のようなものだ。
この病の症状や、企業文化を健全に保つ方法を
リーダーたちは理解しておかなければならない

あなたは、近年、社会に大きな影響を及ぼす問題を起こした有名企業をいくつあげられるだろうか？

おそらく何社も出てくるのではないだろうか。しかも、よくない振る舞いをするリーダーや企業のリストは、ますます長くなっている。

2022年の後半には、FTX、X（旧ツイッター）、アディダスが大きく報道されていた。その後も、ボーイング、ペロトン、メタ、ライアンエアー、P&Oフェリーズ、フォルクスワーゲン、マッキンゼー、KPMG、トップショップといった企業があとに続いた。

大いに称賛されていた国際的な有名企業が、これほど大々的に失敗してしまうのはなぜなのだろうか？

その疑問を解明するために、アディダスの事例を見てみよう。

アディダスは、2022年、反ユダヤ主義的な悪意のある発言を次々に行ったラッパーで、音楽プロデューサーのカニエ・ウェストとの契約を打ち切った。

同社の迅速な対応は見事だと評価された。だが、社外のインフルエンサーとの問題に対処したとしても、企業としては、問題の半分を解決したにすぎなかった。

カニエ・ウェストとの契約解消から幾日も経たないうちに、『フィナンシャル・タイムズ』紙が「アディダスの最高販売責任者が、2021年に人種差別的な発言で最終警告を受けていた」と報じた。しかも、こうした厳しい叱責にもかかわらず、彼は26パーセント増のボーナスを与えられ、契約も更新されたというのだ。

この事例の教訓は何か？

要は、社内での問題を正さずに、社外との問題だけを正そうとしても、解決にはならないということだ。

ビジネス上の倫理や振る舞いの問題は、大企業病の一種だ。

こうしたスキャンダルを防ぐためには、リーダーは自社の文化の健全性を保たなければならない。さらに万が一、実際に危機が生じて大騒動になった場合に備えて、応急処置の方法も会得しておかなければならない。

健康な企業の例

重要な判断を正しく行って、自社の文化がきわめて健全であることを示した企業の例は、間違いなく大変参考になる。

こうした例がニュースに取り上げられることはほとんどないが、健全な状態が長く続くであろう企業と、そうでない企業の差は、まさにそういった判断ができるかどうかにあるかもしれないからだ。

イギリスでは、小売業者のジョン・ルイス、HSBC銀行、通信事業者のヴァージンメディアO2は、「生活費危機」を乗り切るための手当を、従業員たちに支給している。

アパレルのH&Mグループは、ウイグル人を強制労働させているとされる新疆《しんきょう》ウイグル自治区の生産者からの綿の購入を打ち切った。その結果、H&Mの中国のチェーン店では組織的な不買運動が起きたが、それでも同社は方針を撤回しなかった。

NFLでのアメフト選手時代のコリン・キャパニックが、国歌斉唱時に片膝をついて人種差別への抗議を示して非難されたときに、彼を支持したナイキも称賛されるべき企業だ。

また、アプリケーション開発者によるクッキー使用を、ユーザーのプライバシー保護の観点から禁止すると判断したアップル社もそうだ。

これらの企業が正しい判断を行えた一方で、ほかの企業が過ちを犯してしまった理由は何なのだろうか？

その原因は、企業文化、英雄崇拝、エコーチェンバー現象にあると私は考えている。

あなたの会社の健康状態をチェックしよう

大企業病の兆候は、企業文化、リーダーたちの振る舞い、リーダーたちの意思決定プロセスの質に表れることが多い。

企業文化

私がMBA課程で学んでいたときの教授だったピーター・ドラッカーは、「企業文化は戦略を朝食代わりに食べてしまう（企業文化は戦略に勝る）」という言葉を残したとされている。

悪影響を及ぼす企業文化は、さまざまなかたちで現れるため、1つの組織だけでなく、より大きなエコシステムにまで病が蔓延してしまうのは、決して珍しいことではない。

病の兆候の例は、「外部の権力者に真実を話そうとする人々に対する弾圧」「心理的安全性の欠如」「いじめ」「男女間の賃金格差」「『悪い振る舞い』を容認（時には助長）」といったものだ。

ボーイングの事例は、この項目に当てはまると思われる。

同社は、航空機ボーイング737MAXで、機体を安定させようとするパイロットの操作を支援する重要なシステムに頻発する問題があることを知りながらも、納入期限に間に合わせるために、受注先にそのまま納入することにしたのだった。

英雄崇拝

私たちは、カリスマ的な魅力、富、人脈、企業での実績、あるいは相手への共感を全身で示しながらコミュニケーションができるといった理由から、称賛されているリーダーがひとり、もしくは数名いる企業の話をよく耳にする。

もちろん、こうした称賛に値するリーダーもいる。

ただし、これらの英雄的なリーダーたちの価値観が、顧客、従業員、投資家といったステークホルダーたちのためになる正しい行動と、整合性が取れない場合もある。

たとえば、2021年に在庫不足に直面したペロトンのCEO（今では元CEO）は、錆びついたバイクを応急処置して注文者に発送せよという判断を行った（この命令は社内で「ブリキ職人プロジェクト」と呼ばれた）。

役員を選ぶプロセスでは、候補者がインテグリティ、つまり誠実さや高い倫理観を大事にして行動できる資質を備えているかどうかの確認は、通常、忘れられている。

エコーチェンバー現象

行動方針を決めるためのミーティングに参加したときに、そこで示されたいくつかの選択肢は、事前に「検討」されたもので内容にほとんど差がなく、結局、社内または社外の限られたメンバーの話し合いにもとづいて決められた方針に従うはめになったという経験が、あなたにもないだろうか？

こうした状況は「集団浅慮（グループシンク）」「すでに同じ意見の人を説得するための説教」「エコーチェンバー現象」などと呼ばれている。

このような集まりは、リーダーたちにとって対立もなければ、自分が否定されることもない居心地のいい場だ。

当然ながら、マイナス面は、企業がブランドを失墜させてしまうような判断をしかねないことだ。

優れた意思決定を行うためには、「発散的思考」を求めることがきわめて重要だ。

調べて診断して治療する

これら3つの領域で健全性を確保することが、最大の課題だ。治療と予防策は、通常、ほぼ同じだ（できるだけ感染を防ぐに越したことはない）。治療と予防のための3大原則は次のとおりだ。

1つめは、問題が起きたら感染している箇所を治療することだ。たとえば、悪い行いばかりして、ステークホルダーたちのためになる正しい行動を取れないリーダーたちは、解任されなければならない。

2つめは、適切な指標を用いて、あなたの会社の健康をモニターすることだ。たとえば、グラスドアといったツールを利用すれば、あなたにとって最も重要なステークホルダーである従業員たちが、会社をどれくらい魅力的に感じているかを測ることができる。

またリーダーたちは、メディアによる取材の激しさや、会社が悪く言われている話の度合いを測ることで、病によって会社が受けた「痛み」もモニターしておかなければばならない。さらに、顧客と従業員の満足度スコアを測るのにあわせて、会社とリーダーたちに対する信頼度も、社内と社外の両方で測定するのも手だ。

3つめは、信頼を築く（あるいは取り戻す）ことだ。そのためには、リーダーの掲げる価値と存在意義（パーパス）を原動力として正しい行動を取りたいという強い意欲を、顧客、従業員、投資家、監督当局をはじめとするステークホルダー全員に抱いてもらえるよう、努力しなければならない。求められている答えは、時にはテクノロジーよりも、人間性豊かなものである場合もある。

応急処置

企業とブランドの健康を増進させるための戦略には、リーダーによる長期的な取り組みが求められる。

だが、メディアの衝撃的な報道や社員の違法行為といった、緊急対応がすぐさま必要なシナリオに備えておくことも、きわめて重要だ。

コミュニケーション対策を用意しておく

リーダー、トップチーム、そして外部アドバイザーが、ステークホルダーにどう対応するかを予行演習する。ステークホルダーたちが知りたいと思う内容について詳しく説明できるよう準備しておく。

あらゆる不測の事態に対応できるシナリオは存在しないが、手順を明確にしておけば、実際のコミュニケーションの場で、よく考えずに答えたり慌てふためいたりせずにすむ。

顧客対応策を用意しておく

外部からの打撃や、自ら招いた危機で、あなたの会社のビジネスが中断してしまった際に、顧客やクライアントを安心させて、関係を維持するための方法を把握しておく必要がある。

アメリカの航空会社サウスウエスト航空の次の事例は、このような場合の教訓として適している。

2022年末のクリスマスの時期に、同社が何百もの便をキャンセルしたせいで、何千人もの利用客が空港に足止めされ、家族とクリスマスを過ごせなくなる事態となってしまった。

被害にあった利用客にはマイレージが付与されたが、それらの利用規約があまりに厳しかったために、彼らの信頼を取り戻すことは到底できずに終わった。

要は、もしものことがあったときは、とにかく惜しみなく謝罪の気持ちを示さなければならないということだ。

迅速に行動する

沈黙は、責任の所在についての誤った臆測や陰謀論を、大量に生じさせて大きくしてしまう。

メディアへの対応であろうと、株主をなだめる場合であろうと、従業員たちを引き留める場合であろうと、とにかく迅速に行動して、責任がどこにあるのかについて確実に明らかにできるようにしておかなければならない。

「危機に関する実行責任（Responsible）、説明責任（Accountable）があるのは誰か」「危機についての判断を誰に相談（Consulted）して、誰に報告（Informed）すべきか」を明確にするために、「ＲＡＣＩマトリックス」を用いて備えておこう。

どんなに強力なブランドを有する有名企業でも、ビジネスにおける悪い判断の代償はきわめて高くつく恐れがあるし、場合によっては致命傷にもなりうる。

とにかく、病の予防を最優先にすべきだ。それにもかかわらず危機に直面してしまったときは、透明性、計画性、そしてスピードで対応しよう。

☆4 **アリソン・スチュワート＝アレン**
インターナショナル・マーケティング・パートナーズのCEOで、デューク・コーポレート・エデュケーションの講師も務めている
（『Dialogue』 2023年Q1）

【著者紹介】

デューク・コーポレート・エデュケーション

（Duke Corporate Education）

◉——デューク大学フクア経営大学院の関連組織であるデューク・コーポレート・エデュケーション（デュークCE）は、あらゆるレベルのリーダーを育成するためのリーダーシッププログラムを企業に提供している世界有数の教育機関。現在、イギリスのロンドン、アメリカのノースカロライナ州ダーラム、南アフリカのヨハネスブルグ、シンガポールに拠点を置き、グローバルな教育サービスを展開している。デュークCEは20年間にわたって、『フィナンシャル・タイムズ』紙の世界ランキングでトップ3に入りつづけている。

◉——本書には、デュークCEの執筆陣が寄稿している『Dialogue』から厳選された、ビジネスリーダーにとって特に重要な記事が掲載されている。『Dialogue』は、イギリスのLIDパブリッシングが発行しているデュークCEの機関誌で、リーダーシップとマネジメント考察のためのグローバルメディアプラットフォームとしての役割を果たしている。同誌はデュークCEの世界的なネットワークを通じて、グローバルリーダーシップ論を全世界100万人の読者に届けている。マネジメントに関する最先端の英知やアイデアを手に入れられる『Dialogue』は、世界の第一線で活躍する経営幹部たちが、「次に何が起きるのか」を理解して未来に備えるために欠かせないマネジメント誌（年4回発行）となっている。

【訳者紹介】

尼丁　千津子（あまちょう・ちづこ）

◉——英語翻訳者。神戸大学理学部数学科卒業。訳書は『限られた時間を超える方法』（小社刊）、『ヤバい統計』（集英社）、『マッチングアプリの心理学』『マッキンゼー CEOエクセレンス』（いずれも早川書房）、『移動力と接続性（上・下）』（原書房）、『教養としてのデジタル講義』（日経BP）など多数。

Duke CE マネジメントレビュー

2024年6月3日　　第1刷発行

著　者――デューク・コーポレート・エデュケーション
訳　者――尼丁　千津子
発行者――齊藤　龍男
発行所――株式会社かんき出版
東京都千代田区麴町4-1-4 西脇ビル　〒102-0083
電話　営業部：03(3262)8011㈹　編集部：03(3262)8012㈹
FAX　03(3234)4421　　振替　00100-2-62304
https://kanki-pub.co.jp/

印刷所――図書印刷株式会社

　ISBN978-4-7612-7742-0 C0030